中国語への道

―近きより遠きへ―

改訂新版

初級編

内田慶市・奥村佳代子・塩山正純・張軼欧

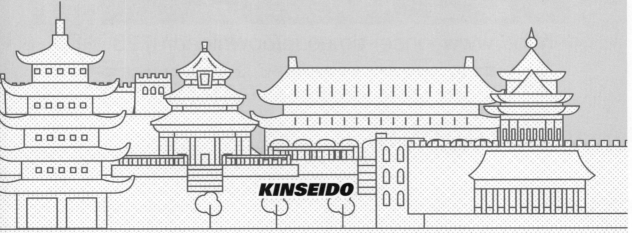

KINSEIDO

著　者
内田　慶市
奥村佳代子
塩山　正純
張　　軼欧

表紙デザイン
（株）欧友社

イラスト
川野　郁代

 音声ファイル無料ダウンロード

http://www.kinsei-do.co.jp/download/0723

この教科書で DL 00 の表示がある箇所の音声は、上記 URL または QR コードにて
無料でダウンロードできます。自習用音声としてご活用ください。

▶ PC からのダウンロードをお勧めします。スマートフォンなどでダウンロードされる場合は、
　ダウンロード前に「解凍アプリ」をインストールしてください。
▶ URL は、**検索ボックスではなくアドレスバー (URL 表示覧)** に入力してください。
▶ お使いのネットワーク環境によっては、ダウンロードできない場合があります。

◎ CD 00　左記の表示がある箇所の音声は、**教師用 CD** に収録されています。

はじめに

　本書のサブタイトルである「近きより遠きへ」は、『中庸』（儒教の経書）の次の文章に由来する。

　　　君子之道、辟如行遠必自邇、辟如登高必自卑。
　　　【君子の道は、遠くに行くには必ず邇（＝近）きより、高きに登るには必ず卑
　　　（＝低）きより、というようなものである】

　明治に入って、日本の中国語教育は、それまでの唐通事などの中国語教育が「南方語」を中心としたのに対して、「北京語」に大きく方向転換することになる。そして、その時最初に用いられた教科書が、英国人のトーマス・フランシス・ウェードが編纂した『語言自邇集』（1867年初版）というものであった。このウェードの教科書は総ページが430ページにも及ぶ大部なもので、当時の最高水準の中国語教科書であり、ヨーロッパ人のみならず日本にも大きな影響を与えた教科書である。おそらく現在までこれに匹敵するような質と量を備えた教科書は世界にないであろう。

　そのような伝説的な教科書に一歩でも近づきたいという想いから、本書を企画し、またその書名も当初は『漢語自邇集』とするつもりであったが、いささか古色蒼然の感もあり、出版社と相談の結果、『中国語への道—近きより遠きへ』とすることとした。ただし、想いはあくまでも同じである。

　毎年、多くの中国語教科書が出版される。まさに「百花斉放、百家争鳴」の状況である。それはそれで良しとしよう。問題は、その質と量が将来までも評価に耐えうるかどうかである。

　楽しい教科書も必要だし、薄くても内容の濃い教科書であればそれもいいだろう。しかしながら、やはり一定程度の質と量が兼ね備わっていなければ、編者として、また出版社としても、その責務を全うしたことにはならないのだと思う。

　本書はそのような基本的立場で編纂されたものである。もちろん、それがどこまで到達されたかは、使われる先生方、そして何よりも学生の評価を待たなければならないものである。

　本書の一つの特徴としては、発音編から「いきなり会話」が登場してくることである。それも、平易な発音のものから導入することを心がけたつもりである。練習問題もワン・パターンでなく、また、中国語検定試験の問題形式も取り入れてある。中国語検定試験の関連で言えば、本書をマスターすれば中検3級はほぼ問題がないと考えている。なお、最後の第17課と18課は、余力があればということで副読本的に付けたものである。使用者の判断にゆだねる部分である。少々盛り沢山すぎるきらいもあるが、とにかく最後まで頑張ってほしいと願っている。

　本書の出版に際しては、金星堂の佐藤貴子氏、山本絢子氏のお世話になった。山本氏は以前に編者が某大学で教えたことがあり、これも不思議な縁ということができるだろう。予定の出版から随分遅れてしまったことを重ねてお詫びしたいと思う。

　終わりに、このテキストを使用される諸先生方、学習者の皆さんの忌憚のないご批判をお願いする次第である。

編者代表：内田慶市
2005.8.20.

改訂版にあたって

　本書は出版以来、多くの方々からご使用をいただき、貴重なご意見を賜ったが、今回、版を重ねるに際して、基本的コンセプトはそのままで、内容に若干の修正を行った他、主に以下のような改訂を行った。

1. 発音篇を4課から3課に減らし、全部で18課であったものを全16課の構成とした。
2. 各課の練習問題の他に、巻末に発音篇を除く第4課から第16課までの「発展練習問題」を付けたが、これは各課の内容に基づいた作文とリスニングの練習問題となっている。

　この他にも、「教授用資料」の第16課の後に、150文字程度の閲読を入れ、初版の第17、18課と同様の位置づけとした。
　なお、今回の改訂に当たっては、金星堂の川井義大氏のお世話になった。
　終わりに、このテキストを使用される諸先生方、学習者の皆さんのこれまで同様、忌憚のない御指正をお願いする次第である。

平成23年10月

編者代表：内田慶市

改訂新版にあたって

　本書『中国語への道―近きより遠きへ―』は2006年1月に初版を発行して以来、今日まで15年の長きに亘って版を重ねて来ました。これも、ひとえに、お使いいただいた先生方、学習者の皆さんのご支持の賜と深く感謝しております。
　今回の改訂新版の主なポイントは以下の通りです。

1 各課に「目標」を設定して、学習するトピック、語彙、文法で身につけたいことの「見える化」を図った。
2 時代の変化に伴った話題の設定の変更を行った。
3 音声、文法、語彙のうち、特に語彙は社会の変動の影響を受けやすいものであり、本書でもそのことに留意して総合的に見直し、入れ替えを行った。
4 文法ポイントについては各課の項目数を揃え、併せて例文数も均等化し、授業のスケジューリングに配慮した。
5 練習問題のレイアウトをより使いやすいように工夫した。
6 教授用資料の説明を充実させた。
7 付録の発展練習問題にオンライン学習にも対応した問題をプラスした。
8 上記の練習問題、発展練習問題以外に、さらに各課の「小テスト」を用意した。

さて、2019 年の暮れから始まった地球の歴史上、未曾有のコロナ禍は未だ終息の兆しが見えておりません。人々は多くの不自由を強いられていますが、一方で、学習・教育の在り方はこれまでとは一変した感があります。特に、ICT 活用、オンライン授業は当たり前のものとして定着し、これはもはや後戻り出来ないものになりました。それに伴い、テキストもそれに合った形のものが求められます。今回の改訂ではそのことにも配慮してあります。

　初版の「はじめに」に記した「(テキストの) 質と量が将来までも評価に耐えうるかどうか」については未だ如何とも言いがたいところではありますが、それに向けて一層の反省、見直しを続けて行くつもりです。今後とも、皆さん方の忌憚のないご意見、ご叱正をお待ちする次第です。

　なお、今回の改訂に際しても金星堂の川井義大さんのお世話になりました。記して感謝の意を表するものです。

編集代表　内田慶市
2021 年 8 月吉日

本書は CheckLink（チェックリンク）対応テキストです。

CheckLink のアイコンが表示されている設問は、CheckLink に対応しています。

CheckLink を使用しなくても従来通りの授業ができますが、特色をご理解いただき、授業活性化のためにぜひご活用ください。

CheckLink の特色について

大掛かりで複雑な従来の e-learning システムとは異なり、CheckLink のシステムは大きな特色として次の3点が挙げられます。

1. これまで行われてきた教科書を使った授業展開に大幅な変化を加えることなく、専門的な知識なしにデジタル学習環境を導入することができる。
2. PC 教室や CALL 教室といった最新の機器が導入された教室に限定されることなく、普通教室を使用した授業でもデジタル学習環境を導入することができる。
3. 授業中での使用に特化し、教師・学習者双方のモチベーション・集中力をアップさせ、授業自体を活性化することができる。

▶教科書を使用した授業に「デジタル学習環境」を導入できる

本システムでは、学習者は教科書の CheckLink のアイコンが表示されている設問に PC やスマートフォン、アプリからインターネットを通して解答します。そして教師は、授業中にリアルタイムで解答結果を把握し、正解率などに応じて有効な解説を行うことができるようになっています。教科書自体は従来と何ら変わりはありません。解答の手段として CheckLink を使用しない場合でも、従来通りの教科書として使用して授業を行うことも、もちろん可能です。

▶教室環境を選ばない

従来の多機能な e-learning 教材のように学習者側の画面に多くの機能を持たせることはせず、「解答する」ことに機能を特化しました。PC だけでなく、一部タブレット端末やスマートフォン、アプリからの解答も可能です。したがって、PC 教室や CALL 教室といった大掛かりな教室は必要としません。普通教室でも CheckLink を用いた授業が可能です。教師は PC だけでなく、一部タブレット端末やスマートフォンからも解答結果の確認をすることができます。

▶授業を活性化するための支援システム

本システムは予習や復習のツールとしてではなく、授業中に活用されることで真価を発揮する仕組みになっています。CheckLink というデジタル学習環境を通じ、教師と学習者双方が授業中に解答状況などの様々な情報を共有することで、学習者はやる気を持って解答し、教師は解答状況に応じて効果的な解説を行う、という好循環を生み出します。CheckLink は、普段の授業をより活力のあるものへと変えていきます。

上記3つの大きな特色以外にも、掲示板などの授業中に活用できる機能を用意しています。従来通りの教科書としても使用はできますが、ぜひ CheckLink の機能をご理解いただき、普段の授業をより活性化されたものにしていくためにご活用ください。

CheckLink の使い方

CheckLink は、PCや一部のタブレット端末、スマートフォン、アプリを用いて、この教科書にある
⟳CheckLink のアイコン表示のある設問に解答するシステムです。
・初めて CheckLink を使う場合、以下の要領で**「学習者登録」**と**「教科書登録」**を行います。
・一度登録を済ませれば、あとは毎回「**ログイン画面**」から入るだけです。CheckLink を使う
　教科書が増えたときだけ、改めて**「教科書登録」**を行ってください。

CheckLink URL

https://checklink.kinsei-do.co.jp/student/

 登録は CheckLink 学習者用
アプリが便利です。ダウン
ロードはこちらから ▶▶▶

▶学習者登録 (PC /タブレット/スマートフォンの場合)

①上記 URLにアクセスすると、右のページが表示されます。学校名を入力し
　「ログイン画面へ」を選択してください。
　PCの場合は「PC用はこちら」を選択して PC用ページを表示します。同
　様に学校名を入力し「ログイン画面へ」を選択してください。
②ログイン画面が表示されたら**「初めての方はこちら」**を選択し
　「学習者登録画面」に入ります。

③自分の学籍番号、氏名、メールアドレス (学校
　のメールなど**PCメールを推奨**)を入力し、次
　に**任意のパスワード**を8桁以上20桁未満 (半
　角英数字)で入力します。なお、学籍番号は
　パスワードとして使用することはできません。
④「パスワード確認」は、❸で入力したパスワー
　ドと同じものを入力します。
⑤最後に「登録」ボタンを選択して登録は完了
　です。次回からは、「ログイン画面」から学籍
　番号とパスワードを入力してログインしてく
　ださい。

▶教科書登録

①ログイン後、メニュー画面から「教科書登録」を選び（PCの場合はその後「新規登録」ボタンを選択）、「教科書登録」画面を開きます。

②教科書と受講する授業を登録します。
教科書の最終ページにある、**教科書固有番号**のシールをはがし、印字された**16桁の数字とアルファベット**を入力します。

③授業を担当される先生から連絡された**11桁の授業ID**を入力します。

④最後に「登録」ボタンを選択して登録は完了です。

⑤実際に使用する際は「教科書一覧」（PCの場合は「教科書選択画面」）の該当する教科書名を選択すると、「問題解答」の画面が表示されます。

▶問題解答

①問題は教科書を見ながら解答します。この教科書の **CheckLink** のアイコン表示のある設問に解答できます。

②問題が表示されたら選択肢を選びます。

③表示されている問題に解答した後、「解答」ボタンを選択すると解答が登録されます。

▶CheckLink 推奨環境

CheckLink の使い方に関するお問い合わせは…

正興ITソリューション株式会社　CheckLink 係

e-mail　checklink@seiko-denki.co.jp

目　　次

DL 1
CD1-1

課文

A：他　来　吗?
　　Tā　lái　ma?

B：他　不　来。
　　Tā　bù　lái.

A：你　喝　吗?
　　Nǐ　hē　ma?

B：我　喝。
　　Wǒ　hē.

A：你　饿　了　吗?
　　Nǐ　è　le　ma?

B：我　饿　了。
　　Wǒ　è　le.

他	彼
来	来る
～吗	～ですか
不～	～しない
你	あなた
喝	飲む
我	わたし
饿	空腹である
了	～になった

DL 2
CD1-2

◆ **中国語の音節＝声母＋韻母＋声調**

＊声母とは子音、韻母とは母音です。

mā = m + a + 第一声…妈（お母さん、母親）

má = m + a + 第二声…麻（麻、しびれる）

mǎ = m + a + 第三声…马（馬）

mà = m + a + 第四声…骂（ののしる、叱る）

第1声	第2声	第3声	第4声

◆ 韻母 1（単母音）

a　　**o**　　**e**　　**i** (yi)　**u** (wu)　**ü** (yu)　　**er**

＊（　）内の表記は前に子音がないときのつづり。以下同じ。

練習①　発音しなさい。

ā　á　ǎ　à　　　ō　ó　ǒ　ò　　　ē　é　ě　è　　　yī　yí　yǐ　yì

wū　wú　wǔ　wù　　　yū　yú　yǔ　yù　　　ēr　ér　ěr　èr

◆ 声母 1

b (o)　　**p** (o)　　**m** (o)　　**f** (o)

d (e)　　**t** (e)　　**n** (e)　　**l** (e)

g (e)　　**k** (e)　　**h** (e)

無気音　ba [pa]　= [p] + [a]　　　**bā**　**bí**　**bǔ**　**bò**

有気音　pa [p'a]　= [p] + 息 + [a]　　**pā**　**pí**　**pǔ**　**pò**

練習②　発音しなさい。

bà — pà — mā — fā　　　dà — tà — nà — là　　　gǔ — kǔ — hǔ

bō — pò — mō — fó　　　dé — tè — nè — lè　　　gē — kě — hé

我　怕　爸，爸　怕　妈。

Wǒ　pà　bà，　bà　pà　mā.

怕 pà	恐れる、怖がる	
爸 bà	お父さん、父親	
妈 mā	お母さん、母親	

◈ 韻母２（複母音）

ai	ao	ou	ei	
ia (ya)	ie (ye)	ua (wa)	uo (wo)	üe (yue)
iao (yao)	iou (you)	uai (wai)	uei (wei)	

◈ 声調符号を付ける位置

①母音の上につけます。　　　　　　ā　　yí　　wǔ　　tè

②ａがあれば、ａの上に。　　　　　ài　　māo　piào

③ａがなければ、ｏかｅの上に。　dōu　duō　gěi　yuè

④ｉとｕが並べば、後の方に。　　diū　　duì

「ａ＞ｏかｅ（ｏとｅは並ばないので安心）＞ｉかｕ（ｉとｕが並べば後ろ優先）」

練習③　発音しなさい。

āi ái ǎi ài	āo áo ǎo ào	ōu óu ǒu òu	ēi éi ěi èi
yā yá yǎ yà	yē yé yě yè	wā wá wǎ wà	wō wó wǒ wò
yuē yué yuě yuè	yāo yáo yǎo yào	yōu yóu yǒu yòu	wāi wái wǎi wài
wēi wéi wěi wèi			

◈ 軽声 1

māma　　　　máma　　　　mǎma　　　　màma

練習④　発音し、意味を確認しなさい。

喝 吗?（飲みますか）　来 了。（来ました）　我 的（わたしの）　要 吗?（欲しいですか）
hē ma?　　　　　　　lái le.　　　　　　wǒ de　　　　　yào ma?

小テスト①　発音を聞いて声調符号を書きなさい。

(1) ma　　(2) yi　　(3) bu　　(4) de　　(5) fa

(6) mai　　(7) wo　　(8) diao　　(9) kou　　(10) hei

小テスト②　発音を聞いて声調符号と、声母あるいは韻母を書きなさい。

(1) (　　　)ao　　(2) (　　　)i　　(3) (　　　)u　　(4) (　　　)i　　(5) (　　　)e

(6) l(　　　)　　(7) d(　　　)　　(8) n(　　　)　　(9) t(　　　)　　(10) g(　　　)

真 好吃！ Zhēn hǎochī!

DL 13 / CD1-13

课文

A：对不起，来晚　了。
　　Duìbuqǐ,　　láiwǎn　le.

B：没关系。你　喝　什么?
　　Méiguānxi.　Nǐ　hē　shénme?

A：我　喝　咖啡。
　　Wǒ　hē　kāfēi.

B：请　吃　蛋糕。
　　Qǐng　chī　dàngāo.

A：谢谢。真　好吃。
　　Xièxie.　Zhēn　hǎochī.

对不起	すみません、ごめんなさい
晚	遅い
没关系	大丈夫です
什么	何
咖啡	コーヒー
请～	どうぞ～してください
吃	食べる
蛋糕	ケーキ
谢谢	ありがとう
真	とても、本当に
好吃	美味しい

◆ 声母2

DL 14 / CD1-14

j (i)　　　　**q** (i)　　　　**x** (i)

z (i)　　　　**c** (i)　　　　**s** (i)

zh (i)　　　**ch** (i)　　　**sh** (i)　　　**r** (i)

練習① 発音しなさい。

DL 15 / CD1-15

jī	jí	jǐ	jì		qī	qí	qǐ	qì		xī	xí	xǐ	xì
zī	zí	zǐ	zì		cī	cí	cǐ	cì		sī	sí	sǐ	sì
zhī	zhí	zhǐ	zhì		chī	chí	chǐ	chì		shī	shí	shǐ	shì
rī	rí	rǐ	rì										

練習② 発音しなさい。

DL 16 / CD1-16

jī — qī　　　zì — cì　　　　zhī — chī　　　　xì — sì — shì

lì — rì　　　jù — qū — xū　　　zǔ — cù — sū　　　zhè — chē — shě — rè

◈ **韻母 n と ng**

an	en	ang	eng	ong
ian (yan)	in (yin)	iang (yang)	ing (ying)	iong (yong)
uan (wan)	uen (wen)	uang (wang)	ueng (weng)	
üan (yuan)	ün (yun)			

＊"n" は日本語の「案内（あんない）」の「ん」のように、"ng" は「案外（あんがい）」の「ん」のように発音します。

練習③　発音しなさい。

ān	án	ǎn	àn	ēn	én	ěn	èn
yān	yán	yǎn	yàn	yīn	yín	yǐn	yìn
wān	wán	wǎn	wàn	wēn	wén	wěn	wèn
yūn	yún	yǔn	yùn	yuān	yuán	yuǎn	yuàn
āng	áng	ǎng	àng	ēng	éng	ěng	èng
yāng	yáng	yǎng	yàng	yīng	yíng	yǐng	yìng
wāng	wáng	wǎng	wàng	wēng	wéng	wěng	wèng
ōng	óng	ǒng	òng	yōng	yóng	yǒng	yòng

練習④　発音しなさい。

日本	中国	炒饭	乌龙茶	青椒肉丝
Rìběn	Zhōngguó	chǎofàn	wūlóngchá	qīngjiāo ròusī

汉堡包	冰淇淋	面包	矿泉水
hànbǎobāo	bīngqílín	miànbāo	kuàngquánshuǐ

◈ **j q x と ü**

声母の "j" "q" "x" と韻母の "ü" が結びついたとき、ピンインではそれぞれ "ju" "qu" "xu" になります。

練習⑤　動詞と名詞（目的語）を組み合わせて発音しなさい。

去	大学	／	学校	／	邮局
qù	dàxué		xuéxiào		yóujú

学	日语	／	汉语	／	英语
xué	Rìyǔ		Hànyǔ		Yīngyǔ

◆ iou と uei と uen

韻母の"iou""uei""uen"が声母と結びついたとき、ピンインではそれぞれ"-iu""-ui""-un"と表記します。たとえば、"iou"が"d"と結びついたら"diu"、"uei"が"g"と結びついたら"gui"、"uen"が"k"と結びついたら"kun"と表記します。

練習⑥　発音しなさい。

DL 21
CD1-21

朋友	牛奶	足球	困难	六岁
péngyou	niúnǎi	zúqiú	kùnnan	liù suì

会话	春天	顺利	子孙	开水
huìhuà	chūntiān	shùnlì	zǐsūn	kāishuǐ

◆ 変調のパターン 1　　第 3 声 + 第 3 声 → 第 2 声 + 第 3 声

DL 22
CD1-22

nǐ hǎo → 実際の発音は **ní hǎo**　你 好

wǒ pǎo → 実際の発音は **wó pǎo**　我 跑

gǔlǎo → 実際の発音は **gúlǎo**　古老

小テスト①　発音を聞いて声調符号と声母を書きなさい。

DL 23
CD1

(1) (　　　)a　(2) (　　　)e　(3) (　　　)u　(4) (　　　)ü　(5) (　　　)i

(6) (　　　)i　(7) (　　　)iu　(8) (　　　)ei　(9) (　　　)ou　(10) (　　　)uo

小テスト②　発音を聞いて、韻母と声調符号を書きなさい。

DL 24
CD1-24

(1) j(　　　)　(2) q(　　　)　(3) x(　　　)　(4) z(　　　)　(5) c(　　　)

(6) s(　　　)　(7) zh(　　　)　(8) ch(　　　)　(9) sh(　　　)　(10) r(　　　)

DL 25　课文
CD1-25

A：你　要　几　个?
　　Nǐ　yào　jǐ　ge?

B：我　要　两　个。
　　Wǒ　yào　liǎng　ge.

A：还　要　别的　吗?
　　Hái　yào　biéde　ma?

B：不　要　了。多少　钱?
　　Bú　yào　le.　Duōshao　qián?

A：二十四　块。
　　Èrshisì　kuài.

B：我　微信　支付。
　　Wǒ　wēixìn　zhīfù.

要	いる
几个	いくつ、何個
两个	2つ、2個
还	ほかに、さらに
别的	ほかのもの
不要了	もういりません
多少钱	いくらですか
～块	～元（中国の貨幣の単位）
微信	WeChat（ウィーチャット）、微信
支付	支払う

DL 26　◆ **数字**
CD1-26

零	一	二	三	四	五	六	七	八	九	十
líng	yī	èr	sān	sì	wǔ	liù	qī	bā	jiǔ	shí

一百	一百一	一百零一	一千	一万
yì bǎi	yì bǎi yī	yì bǎi líng yī	yì qiān	yí wàn

DL 27　練習① 　発音しなさい。
CD1-27

十一	二十二	三十三	四十四	五十五
shíyī	èrshi'èr	sānshisān	sìshisì	wǔshiwǔ

六十六	七十七	八十八	九十九	一百一
liùshiliù	qīshiqī	bāshibā	jiǔshijiǔ	yìbǎiyī

DL 28　◆ 基本語彙リスト　よく使う量詞
CD1-28

个 ge	人 rén（ひと）　苹果 píngguǒ（りんご）	只 zhī	狗 gǒu（イヌ）　猫 māo（ネコ）
本 běn	书 shū（本）　词典 cídiǎn（辞書）	条 tiáo	鱼 yú（さかな）　路 lù（みち、道路）
张 zhāng	票 piào（きっぷ）　桌子 zhuōzi（机）	枝 zhī	笔 bǐ（ペン）　烟 yān（たばこ）
把 bǎ	伞 sǎn（傘）　椅子 yǐzi（椅子）	杯 bēi	茶 chá（お茶）　水 shuǐ（水・お湯）
件 jiàn	衣服 yīfu（服）　事儿 shìr（事、用事）	碗 wǎn	饭 fàn（ご飯）　汤 tāng（スープ）

◆ 軽声2　親族呼称

爷爷
yéye

奶奶
nǎinai

老爷
lǎoye

姥姥
lǎolao

爸爸
bàba

妈妈
māma

哥哥
gēge

姐姐
jiějie

我
wǒ

弟弟
dìdi

妹妹
mèimei

◆ 変調のパターン2　「不」の変調

DL 30
◎ CD1-30

bù + 第1声　　　　bù + 第2声　　　　bù + 第3声　　　　bù + 第4声

不　喝　　　　　　不　来　　　　　　不　买　　　　　　不　看
bù　hē　　　　　　bù　lái　　　　　　bù　mǎi　　　　　bú　kàn

◆ 変調のパターン3　「一」の変調

DL 31
◎ CD1-31

順序、年月日などは、第一声のままです。

二 〇 一 九 年　　　　　　一 月 一 号　　　　　　第 一 个
èr líng yī jiǔ nián　　　　yīyuè yī hào　　　　　dì yī ge

うしろにくる声調によって、「一」は、第四声か第二声に変わります。

yī + 第1声　　　　yī + 第2声　　　　yī + 第3声　　　　yī + 第4声

一般　　　　　　　一直　　　　　　　一起　　　　　　　一共
yìbān　　　　　　　yìzhí　　　　　　　yìqǐ　　　　　　　yígòng

◆ 儿化について

DL 32
◎ CD1-32

最終母音 + r	花儿 huār	猫儿 māor	歌儿 gēr
n が落ちて + r	一点儿 yìdiǎnr	玩儿 wánr	下边儿 xiàbianr
i が落ちて + r	小孩儿 xiǎoháir	味儿 wèir	一会儿 yíhuìr
i を er に	事儿 shìr	词儿 cír	
ng は前の母音を鼻音化して + r	空儿 kòngr		

　ここまで、ひととおり発音の基礎を学んできましたが、感触はいかがですか。発音の上達の秘訣は、ただひとつ、何度も繰り返し練習することです。中国語の発音に慣れながら、単語を少しずつ覚えていきましょう。

DL 33
CD1-33

練習②　発音しなさい。意味も確認しましょう。

日中双方でおなじみの…　星巴克　　麦当劳　　肯德基　　全家
　　　　　　　　　　　　Xīngbākè　Màidāngláo　Kěndéjī　Quánjiā

日本といえば…………　富士山　　櫻花　　柔道　　漫画
　　　　　　　　　　　　Fùshìshān　yīnghuā　róudào　mànhuà

中国といえば…………　长城　　梅花　　乒乓球　　熊猫
　　　　　　　　　　　　Chángchéng　méihuā　pīngpāngqiú　xióngmāo

DL 34
CD1-34

練習③　声調の組み合わせのリズムをつかみましょう。

前　　後	第一声	第二声	第三声	第四声	軽声
第一声	咖啡 kāfēi	中国 Zhōngguó	方法 fāngfǎ	高兴 gāoxìng	衣服 yīfu
第二声	熊猫 xióngmāo	同学 tóngxué	牛奶 niúnǎi	学校 xuéxiào	学生 xuésheng
第三声	老师 lǎoshī	旅游 lǚyóu	语法 yǔfǎ	礼物 lǐwù	早上 zǎoshang
第四声	面包 miànbāo	地图 dìtú	日本 Rìběn	教室 jiàoshì	大夫 dàifu

DL 35
CD1-35

小テスト①　発音を聞いて、声調符号を付けなさい。

(1) ma　(2) bu　(3) de　(4) ku　(5) ci

(6) feng　(7) kun　(8) xun　(9) zhang　(10) sheng

DL 36
CD1-36

小テスト②　発音を聞いて、韻母と声調を書き取り、ピンインを完成させなさい。　＊韻母は単母音。

(1) n(　　)　(2) p(　　)　(3) g(　　)　(4) f(　　)

(5) l(　　)　(6) t(　　)　(7) x(　　)　(8) q(　　)

(9) c(　　)　(10) ch(　　)

DL 37
CD1-37

小テスト③　発音を聞いて、声母と声調を書き取り、ピンインを完成させなさい。

(1) (　)a　(2) (　)an　(3) (　)i　(4) (　)ang　(5) (　)ou

(6) (　)ing　(7) (　)ian　(8) (　)uan　(9) (　)ue　(10) (　)u

DL 38

CD1-38

你好！	Nǐ hǎo!	こんにちは。
早上好！	Zǎoshang hǎo!	おはようございます。
晚上好！	Wǎnshang hǎo!	こんばんは。
谢谢！	Xièxie!	ありがとう。
不客气！	Bú kèqi!	どういたしまして。
对不起！	Duìbuqǐ!	すみません。
没关系！	Méiguānxi!	かまいません。
好久不见了！	Hǎojiǔ bú jiàn le!	お久しぶりです。
生日快乐！	Shēngrì kuàilè!	お誕生日おめでとう。

● 例を参考にして、自分の名前を言ってみよう。自分の名前は「中国語お名前チェッカー」 で調べましょう

例： 您 贵姓？
Nín guìxìng?
（お名前は何とおっしゃいますか。）

我 姓 田中。
Wǒ xìng Tiánzhōng.
（私は田中といいます。）

DL 39

CD1-39

例： 你 叫 什么 名字？
Nǐ jiào shénme míngzi?
（何という名前ですか。）

我 叫 田中 花子。
Wǒ jiào Tiánzhōng Huāzǐ.
（私は田中花子といいます。）

我 姓 _____, 叫 _____ _____。
Wǒ xìng   , jiào

調べ方

① 「中国語お名前チェッカー」にアクセス

http://www.ch-station.org/chntext/onamae/

② 入力欄に日本語の漢字で氏名を入力

※名前が漢字ではなく平仮名やカタカナの人は自分で漢字名を付けましょう

例）あかり→月・亜加梨　しょう→翔

③ 変換ボタンを押す

④ 表示された簡体字とピンインを上の欄に正確に写す

第 **4** 课　我们 都 是 学生。 Wǒmen dōu shì xuésheng.

《目標》　1. ものごとを説明（何か、どんな人か）することができる。
　　　　　2. "不" と "吗" で "是" の動詞述語文の否定と疑問が表現できる。

DL 41
CD1-41

 对 話

中国人留学生の王さんと日本人学生の林さんが出会いました。

小王：　　你　是　日本人　吗？
XiǎoWáng:　Nǐ　shì　Rìběnrén　ma?

林 健：　我　是　日本人。
Lín Jiàn:　Wǒ　shì　Rìběnrén.

小王：　　他　也　是　日本人　吗？
XiǎoWáng:　Tā　yě　shì　Rìběnrén　ma?

林 健：　他　不　是　日本人。他　是　韩国人。
Lín Jiàn:　Tā　bú　shì　Rìběnrén.　Tā　shì　Hánguórén.

小王：　　你们　都　是　学生　吗？
XiǎoWáng:　Nǐmen　dōu　shì　xuésheng　ma?

林 健：　对，我们　都　是　学生。
Lín Jiàn:　Duì,　wǒmen　dōu　shì　xuésheng.

DL 40
CD1-40

 語句 1

対話　你 nǐ　是 shì　日本人 Rìběnrén　吗 ma　我 wǒ　他 tā　也 yě　不 bù
　　　韩国人 Hánguórén　你们 nǐmen　都 dōu　学生 xuésheng　对 duì　我们 wǒmen
ポイント　老师 lǎoshī　她 tā　她们 tāmen　美国人 Měiguórén　他们 tāmen　您 nín　它 tā
　　　咱们 zánmen　它们 tāmen

22

DL 42
CD1-42

1. A "是"／"不是" B「A は B です／A は B ではありません」

1. 我 是 学生。
   Wǒ shì xuésheng.

2. 我 不 是 老师。
   Wǒ bú shì lǎoshī.

3. 她 是 老师。
   Tā shì lǎoshī.

4. 她 不 是 学生。
   Tā bú shì xuésheng.

2. 疑問文 1 "〜吗？"「ですか」

文末に "吗" を付けると疑問文になります。

1. 你 是 学生 吗？
   Nǐ shì xuésheng ma?

2. 她们 是 美国人 吗？
   Tāmen shì Měiguórén ma?

3. "也"「〜も」と "都"「どちらも／みな」

副詞は、動詞の前に置きます。

1. 我们 都 是 日本人。
   Wǒmen dōu shì Rìběnrén.

2. 你 也 是 日本人 吗？
   Nǐ yě shì Rìběnrén ma?

3. 他们 也 都 是 日本人。
   Tāmen yě dōu shì Rìběnrén.

4. "我们" と "咱们"　人称代名詞

	一人称	二人称	三人称
単数	我 wǒ	你，您 nǐ，nín	他，她，它 tā
複数	我们，咱们 wǒmen, zánmen	你们 nǐmen	他们，她们，它们 tāmen

1. 你们 是 学生。
   Nǐmen shì xuésheng.

2. 我们 是 老师。
   Wǒmen shì lǎoshī.

3. 你们 是 日本人。
   Nǐmen shì Rìběnrén.

4. 我们 也 是 日本人。
   Wǒmen yě shì Rìběnrén.

5. 咱们 都 是 日本人。
   Zánmen dōu shì Rìběnrén.

CD1-44

閲読

王さんが林さんと王さんをそれぞれ紹介します。

这 是 林 健。他 是 日本人。那 是 王 丽丽。
Zhè shì Lín Jiàn. Tā shì Rìběnrén. Nà shì Wáng Lìli.

她 是 中国人。他们 都 是 大学生。他们 是 同学。
Tā shì Zhōngguórén. Tāmen dōu shì dàxuéshēng. Tāmen shì tóngxué.

DL 43

CD1-43

这 zhè：これ（それ）　　那 nà：あれ（それ）　☞ "这、那" は第7課で学習。　　中国人 Zhōngguórén：中国人

大学生 dàxuéshēng：大学生　　同学 tóngxué：同級生　　英国人 Yīngguórén：イギリス人

词典 cídiǎn：辞書　　法国人 Fǎguórén：フランス人

Ⅰ 日本語の意味になるように、空欄に語句を埋めなさい。

(1) 你是日本人（　　　　）?　　　　　　　　　　　　　　　　（あなたは日本人ですか。）

(2) 他（　　　　）是英国人。　　　　　　　　　　（彼はイギリス人ではありません。）

(3) 他（　　　　）老师。　　　　　　　　　　　　　　　　　　　　（彼は先生です。）

(4) 她不（　　　　）学生。　　　　　　　　　　　（彼女は学生ではありません。）

Ⅱ 日本語の意味になるように、それぞれ①〜④の語句を並べ替えなさい。

(1) それは辞書ではありません。　　　　　　　　____ ____ ____ ____。

　　① 词典　　② 是　　③ 那　　④ 不

(2) 彼女たちもみんな先生です。　　　她们 ____ ____ ____ ____。

　　① 是　　　② 老师　③ 都　　④ 也

(3) あなたたちはみんな日本人ですか。　你们 ____ ____ ____ ____?

　　① 日本人　② 都　　③ 吗　　④ 是

(4) 彼らはどちらもフランス人ではありません。　他们 ____ ____ ____ ____。

　　① 是　　　② 不　　③ 法国人　④ 都

Ⅲ 次の日本語を中国語に訳しなさい。

(1) わたしは学生です。

(2) 彼は日本人ではありません。

(3) 彼らはどちらも学生です。

(4) あなたは学生ですか。

(5) 彼らもみんな学生です。

Ⅳ 【リスニング】閲読に基づいた中国語（単語、フレーズ、文）を聞いて解答欄に書き取りなさい。　DL 45

CD1-45

(1) [　　　　　　　　　　　　　　　　]

(2) [　　　　　　　　　　　　　　　　]

(3) [　　　　　　　　　　　　　　　　]

(4) [　　　　　　　　　　　　　　　　]

(5) [　　　　　　　　　　　　　　　　]

《目標》　1. 名前や身分、所属などを言ったり、尋ねたりできる。
　　　　　2. 何をするかを表現したり、尋ねたりできる。（動詞、疑問詞を使う）

DL 47
CD1-47

对话

王さんと林さんはお互いの名前を言い、少しずつ話し始めました。

小王：　请问，您 贵姓？
XiǎoWáng: Qǐngwèn, nín guìxìng?

林 健：我 姓 林，叫 林 健。
Lín Jiàn: Wǒ xìng Lín, jiào Lín Jiàn.

小王：　你 是 中国人，还是 日本人？
XiǎoWáng: Nǐ shì Zhōngguórén, háishi Rìběnrén?

林 健：我 是 日本人。
Lín Jiàn: Wǒ shì Rìběnrén.

小王：　你 去 哪儿？
XiǎoWáng: Nǐ qù nǎr?

林 健：我 去 李 老师 的 办公室。
Lín Jiàn: Wǒ qù Lǐ lǎoshī de bàngōngshì.

DL 46
CD1-46

语句 1

对话 请问 qǐngwèn　　贵姓 guìxìng　　姓 xìng　　叫 jiào　　还是 háishi　　去 qù　　哪儿 nǎr

的 de　　办公室 bàngōngshì　　ポイント 吃 chī　　饭 fàn　　学校 xuéxiào　　什么 shénme

名字 míngzi　　谁 shéi　　书 shū　　喝 hē　　咖啡 kāfēi　　红茶 hóngchá

Point ポイント

1. 動詞と目的語　基本構造 SVO

1. 她 吃 饭。
　Tā chī fàn.

2. 我 去 学校。
　Wǒ qù xuéxiào.

否定形「〜しない」"不"＋ V

3. 她 不 吃 饭。
　Tā bù chī fàn.

4. 我 不 去 学校。
　Wǒ bú qù xuéxiào.

2. なまえの言い方

①"姓"「姓を〜といいます」

1. 您 贵姓?
　Nín guìxìng?

2. 我 姓 王。
　Wǒ xìng Wáng.

②"叫"「名前を〜といいます」

3. 你 叫 什么（名字)?
　Nǐ jiào shénme (míngzi)?

4. 我 叫 王 丽丽。
　Wǒ jiào Wáng Lìli.

3. 疑問文2　疑問詞疑問文

谁 shéi　　　　　「だれ」：

1. 他 是 谁?
　Tā shì shéi?

什么 shénme　　　「なに」：

2. 这 是 什么?
　Zhè shì shénme?

"什么"＋名詞→「どんな〜、何の〜」

3. 这 是 什么 书?
　Zhè shì shénme shū?

哪儿 nǎr　　　　　「どこ」：

4. 你 去 哪儿?
　Nǐ qù nǎr?

4. 疑問文3　選択疑問文（是 A，还是 B?）

1. 你（是）喝 咖啡，还是 喝 红茶?
　Nǐ (shì) hē kāfēi, háishi hē hóngchá?

2. 他 是 韩国人，还是 中国人?
　Tā shì Hánguórén, háishi Zhōngguórén?

3. （是）你 去，还是 我 去?
　(Shì) nǐ qù, háishi wǒ qù?

閲読

林さんが自己紹介して、ついでに友人の王さんを紹介しています。

我　姓　林，叫　林　健。我　学习　汉语。她　叫　王
Wǒ　xìng　Lín,　jiào　Lín　Jiàn.　Wǒ　xuéxí　Hànyǔ.　Tā　jiào　Wáng

丽丽。王　丽丽　是　我　的　朋友。她　学习　日语。
Lìli.　Wáng　Lìli　shì　wǒ　de　péngyou.　Tā　xuéxí　Rìyǔ.

語句 2

閲読
練習問題

学习 xuéxí：勉強する　　汉语 Hànyǔ：中国語　　朋友 péngyou：友達　　日语 Rìyǔ：日本語

手机 shǒujī：携帯電話、スマホ　　面包 miànbāo：パン　　看 kàn：見る　　电视 diànshì：テレビ

炒饭 chǎofàn：チャーハン　　饺子 jiǎozi：ギョーザ　　来 lái：来る

Ⅰ　日本語の意味になるように、空欄に語句を埋めなさい。

(1) 请问，您（　　　　　　　　）? 　　　　　（すみませんが、お名前は何とおっしゃるのですか。）

(2) 我（　　　　　）王，（　　　　　　）王丽丽。　（わたしは王といいます。王麗麗といいます。）

(3) 你姓（　　　　　　　）? 　　　　　　　　　（あなたの苗字は何というのですか。）

(4) 你们去（　　　　　　　）? 　　　　　　　　（あなたたちはどこへ行きますか。）

(5) 这是谁（　　　　　　　）手机? 　　　　（これはだれの携帯電話（スマホ）ですか。）

Ⅱ　日本語の意味になるように、それぞれ①〜④の語句を並べ替えなさい。

(1) わたしたちはみんなパンを食べます。　　　　＿＿ ＿＿ ＿＿ ＿＿。

　　① 我们　　② 面包　　③ 吃　　④ 都

(2) 彼らはテレビを見ません。　　　　　　　　　＿＿ ＿＿ ＿＿ ＿＿。

　　① 电视　　② 不　　③ 他们　　④ 看

(3) あなたはチャーハンを食べますか、それともギョーザを食べますか。

　　　　　　　　　　　　　　　　　　　你 ＿＿ ＿＿, ＿＿ ＿＿?

　　① 吃炒饭　　② 吃饺子　　③ 还是　　④ 是

(4) 彼らも中国語を勉強します。　　　　　　　　＿＿ ＿＿ ＿＿ ＿＿。

　　① 汉语　　② 也　　③ 学习　　④ 他们

Ⅲ　次の日本語を中国語に訳しなさい。

(1) わたしは王健と申します。

(2) 彼は紅茶を飲みません。

(3) これはわたしの本です。

(4) 彼らは林先生の研究室に行きます。

(5) あなたが来ますか、それとも彼女が来ますか。

Ⅳ　【リスニング】閲読に基づいた中国語（単語、フレーズ、文）を聞いて解答欄に書き取りなさい。🎧 DL 51

　　　　　　　　　　　　　　　　　　　　　　　　　　　　　　　　　　🔘 CD1-51

(1) [　　　　　　　　　　　　] 　(2) [　　　　　　　　　　　　　　]

(3) [　　　　　　　　　　　　] 　(4) [　　　　　　　　　　　　　　]

(5) [　　　　　　　　　　　　]

第 **6** 课　你 今年 多大 了? Nǐ jīnnián duōdà le?

《目標》　1. 年齢や日にち、曜日を表現したり、尋ねたりできる。
　　　　　2. いつ、誰が、何をするかを表現できる。

DL 53
CD1-53

対 話

王さんと林さんの誕生日はとても近いことがわかりました。

小王：　　　你　　今年　　多大　　了?
XiǎoWáng:　Nǐ　　jīnnián　duōdà　　le?

林 健：　　我　今年　　十九　　岁，你　　呢?
Lín Jiàn:　 Wǒ　jīnnián　shíjiǔ　suì,　 nǐ　　ne?

小王：　　　我　也　是　十九　　岁。
XiǎoWáng:　Wǒ　yě　shì　shíjiǔ　suì.

林 健：　　你　的　生日　是　几　月　几　号?
Lín Jiàn:　 Nǐ　de　shēngrì　shì　jǐ　yuè　jǐ　hào?

小王：　　　我　的　生日　是　六月　二十　号，是　下　个　星期。
XiǎoWáng:　Wǒ　de　shēngrì　shì　liùyuè　èrshí　hào,　shì　xià　ge　xīngqī.

林 健：　　我　的　生日　是　六月　十七　号，也　是　下　个　星期。
Lín Jiàn:　 Wǒ　de　shēngrì　shì　liùyuè　shíqī　hào,　yě　shì　xià　ge　xīngqī.

DL 52
CD1-52

語句 1

対話　今年 jīnnián　　多大 duōdà　　了 le　　岁 suì　　呢 ne　　生日 shēngrì　　几 jǐ　　月 yuè
号 hào　　下 xià　　个 ge　　星期 xīngqī　　ポイント 岁数 suìshu　　爸爸 bàba

30

1. 名詞述語文

年齢、日付、曜日などは、動詞を用いずに言うことができます。

①年齢

1. 你 今年 几 岁（了）？
Nǐ jīnnián jǐ suì (le)?

2. 我 今年 八 岁（了）。
Wǒ jīnnián bā suì (le).

3. 你 今年 多大（了）？
Nǐ jīnnián duōdà (le)?

4. 我 今年 十九 岁（了）。
Wǒ jīnnián shíjiǔ suì (le).

5. 您 今年 多大 岁数（了）？
Nín jīnnián duōdà suìshu (le)?

6. 我 今年 七十四 岁（了）。
Wǒ jīnnián qīshisì suì (le).

＊文末の"了"は、「～なる／～なった」という変化を表します。　☞ 詳しくは第10課ポイント2で説明。

7. 我 不 是 十九 岁。
Wǒ bú shì shíjiǔ suì.

②日付・曜日

＊【基本語彙リスト】「月日・曜日などの言い方」を参照。

1. 今天 几 月 几 号?
Jīntiān jǐ yuè jǐ hào?

2. 今天 六月 二十二 号。
Jīntiān liùyuè èrshi'èr hào.

3. 今天 星期几?
Jīntiān xīngqījǐ?

4. 今天 星期五。
Jīntiān xīngqīwǔ.

5. 今天 不 是 星期六。
Jīntiān bú shì xīngqīliù.

2. 疑問文4　省略疑問文 "～呢?"「～は。」

1. 我 去 学校，你 呢?
Wǒ qù xuéxiào, nǐ ne?

2. 小林 呢?
XiǎoLín ne?

3. 省略可能な "的"　☞ 第11課ポイント4に関連。

1. 我 爸爸
wǒ bàba

2. 我们 学校
wǒmen xuéxiào

4. 基本語彙リスト　「月日・曜日などの言い方」

日	前天 qiántiān　昨天 zuótiān　今天 jīntiān　明天 míngtiān　后天 hòutiān 上午 shàngwǔ　中午 zhōngwǔ　下午 xiàwǔ
月	上个月 shàng ge yuè　这个月 zhèige yuè　下个月 xià ge yuè
曜日・週	星期一 xīngqīyī　星期二 xīngqī'èr　星期三 xīngqīsān　星期四 xīngqīsì 星期五 xīngqīwǔ　星期六 xīngqīliù　星期天 xīngqītiān（星期日 xīngqīrì） 上（个）星期 shàng (ge) xīngqī　这个星期 zhèige xīngqī　下（个）星期 xià (ge) xīngqī
年	前年 qiánnián　去年 qùnián　今年 jīnnián　明年 míngnián　后年 hòunián

閲読

誕生日が近いふたりは、林さんの家で誕生祝いをすることになりました。

今天　六月　十六　号　星期二。明天　是　我　的
Jīntiān　liùyuè　shíliù　hào　xīngqī'èr.　Míngtiān　shì　wǒ　de

生日。王　丽丽　的　生日　是　六月　二十　号。明天
shēngrì.　Wáng　Lìli　de　shēngrì　shì　liùyuè　èrshí　hào.　Míngtiān

她　来　我　家。我们　一起　过　生日。
tā　lái　wǒ　jiā.　Wǒmen　yìqǐ　guò　shēngrì.

語句 2

閲読

家 jiā：家　　一起 yìqǐ：一緒に　　过 guò：過ごす

練習問題

爷爷 yéye：（父方の）祖父、おじいさん

Ⅰ　日本語の意味になるように、空欄に語句を埋めなさい。

(1) 明天（　　　　　　　　）？　　　　　　　　　　　　　　　　　　（明日は何曜日ですか。）

(2) 我喝咖啡，你（　　　　　　　　）？　　　　　　（わたしはコーヒーを飲みますが、あなたは。）

(3) 你（　　　　　　　）？　　　　　　　　　　　　　（いくつですか。）【小さな子に対して】

(4) 你爷爷今年（　　　　　　　）？　　　　（あなたのおじいさんは今年おいくつですか。）

Ⅱ　次の会話の空欄に適切な文を書き入れ、会話を完成させなさい。

A：（(1)　　　　　　　　　　　）？

B：我今年十八岁。（(2)　　　　　　　　　　）？

A：我也是十八岁。（(3)　　　　　　　　　）？

B：我的生日是六月二十号，你呢？

A：（(4)　　　　　　　　　　）。

Ⅲ　次の日本語を中国語に訳しなさい。

(1) わたしは今年 18 歳です。

(2) 明日はわたしの誕生日です。

(3) 来週の日曜日は 20 日です。

(4) 明後日彼女がわたしの家に来ます。

(5) 今日は木曜日ではありません。

Ⅳ　【リスニング】閲読に基づいた中国語（単語、フレーズ、文）を聞いて解答欄に書き取りなさい。　　DL 57　　CD1-57

(1) [　　　　　　　　　　　]

(2) [　　　　　　　　　　　]

(3) [　　　　　　　　　　　]

(4) [　　　　　　　　　　　　　　　]

(5) [　　　　　　　　　　　　　　　]

第 **7** 课　这个 很 好吃。Zhèige hěn hǎochī.

《目標》　1. ものの様子や状態を表現したり、尋ねたりすることができる。（形容詞を使う）
　　　　　2. 選択疑問文で相手に（どちらかを）選ばせることができる。

对話

キャンパス内の購買部（お店）にやってきた王さんと林さんは、どれを買うことにしたのでしょうか。

小王：　这个　好吃　吗?
XiǎoWáng: Zhèige hǎochī ma?

林 健：　很　好吃。比　那个　好吃。
Lín Jiàn: Hěn hǎochī. Bǐ nèige hǎochī.

小王：　价钱　贵　不　贵?
XiǎoWáng: Jiàqian guì bu guì?

林 健：　价钱　比较　贵。
Lín Jiàn: Jiàqian bǐjiào guì.

小王：　我们　买　这个，还是　买　那个?
XiǎoWáng: Wǒmen mǎi zhèige, háishi mǎi nèige?

林 健：　我们　买　这个　吧。
Lín Jiàn: Wǒmen mǎi zhèige ba.

語句 1

对話
ポイント

好吃 hǎochī　　很 hěn　　比 bǐ　　价钱 jiàqian　　贵 guì　　比较 bǐjiào　　买 mǎi　　吧 ba
怎么样 zěnmeyàng　　好 hǎo　　大 dà　　热 rè　　一点儿 yìdiǎnr　　没有 méiyǒu
那么 nàme　　这么 zhème　　高 gāo　　先生 xiānsheng

1. 形容詞述語文

1. 这个 怎么样?
   Zhèige zěnmeyàng?

2. 这个 很 好。
   Zhèige hěn hǎo.

3. 这个 好，还是 那个 好?
   Zhèige hǎo, háishi nèige hǎo?

4. 这个 好，那个 不 好。
   Zhèige hǎo, nèige bù hǎo.

2. 比較文

A＋"比"＋B＋形容詞＋差「A は B より〜だ」

1. 他 比 我 大。
   Tā bǐ wǒ dà.

2. 他 比 我 大 两 岁。
   Tā bǐ wǒ dà liǎng suì.

3. 今天 比 昨天 热 一点儿。
   Jīntiān bǐ zuótiān rè yìdiǎnr.

A＋"没有"＋B＋("这么／那么")＋形容詞「A は B ほど〜でない」

4. 他 没有 我 大。
   Tā méiyǒu wǒ dà.

5. 今天 没有 昨天（那么）热。
   Jīntiān méiyǒu zuótiān (nàme) rè.

6. 妹妹 没有 我（这么）高。
   Mèimei méiyǒu wǒ (zhème) gāo.

3. 疑問文5　反復疑問文

肯定形＋否定形

1. 你 是 不 是 李 先生?
   Nǐ shì bu shì Lǐ xiānsheng?

2. 这个 好 不 好?
   Zhèige hǎo bu hǎo?

3. 你 吃 不 吃 炒饭?
   Nǐ chī bu chī chǎofàn?

4. 基本語彙リスト 「指示代名詞」

	人・事物			場所	
近称	这 zhè	这个 zhège/zhèige	这些 zhèxiē/zhèixiē	这儿 zhèr	这里 zhèli
遠称	那 nà	那个 nàge/nèige	那些 nàxiē/nèixiē	那儿 nàr	那里 nàli
疑問	哪 nǎ	哪个 nǎge/něige	哪些 nǎxiē/něixiē	哪儿 nǎr	哪里 nǎli

閲読

キャンパス内のオープンカフェでよく買う飲みものの話をしているようです。

这儿　的　咖啡　很　好喝。这儿　的　红茶　没有
Zhèr　de　kāfēi　hěn　hǎohē.　Zhèr　de　hóngchá　méiyǒu

咖啡　好喝。不过，红茶　比　咖啡　便宜　五十　日元。我
kāfēi　hǎohē.　Búguò,　hóngchá　bǐ　kāfēi　piányi　wǔshí　Rìyuán.　Wǒ

经常　喝　红茶。
jīngcháng　hē　hóngchá.

語句 2

閲読　好喝 hǎohē：（飲んで）おいしい　　不过 búguò：でも　　便宜 piányi：（値段が）安い

日元 Rìyuán：（日本）円　　经常 jīngcháng：よく　　苹果 píngguǒ：りんご　　香蕉 xiāngjiāo：バナナ

红（的）hóng (de)：赤い（の）　　白（的）bái (de)：白い（の）　　小 xiǎo：小さい、年下である

冷 lěng：寒い　　听 tīng：聞く、聴く　　音乐 yīnyuè：音楽　　打 dǎ：（手を使う球技を）する

网球 wǎngqiú：テニス

Ⅰ　つぎのイラストを見て、それぞれ与えられた単語を使って比較文を作りなさい。

(1)〔苹果 / 香蕉 / 便宜〕　　　　　　　　(2)〔红的 / 白的 / 大〕

150日元

100日元

Ⅱ　日本語の意味になるように、それぞれ①～④の語句を並べ替えなさい。

(1) わたしの妹はわたしより2歳年下だ。　　　　我妹妹 ＿＿ ＿＿ ＿＿ ＿＿ 。

　　① 两岁　　② 我　　③ 比　　④ 小

(2) 今日は昨日ほど寒くない。　　　　　　　　＿＿ ＿＿ ＿＿ ＿＿ 。

　　① 昨天　　② 今天　　③ 冷　　④ 没有

(3) あなたは音楽を聴きますか。　　　　　　你 ＿＿ ＿＿ ＿＿ ＿＿ ？

　　① 音乐　　② 听　　③ 听　　④ 不

(4) 王先生もテニスをします。　　　　　　　　＿＿ ＿＿ ＿＿ ＿＿ 。

　　① 打　　② 王老师　　③ 网球　　④ 也

Ⅲ　次の日本語を中国語に訳しなさい。

(1) 彼はわたしより5歳年上です。

(2) 今日はわりと暑いです。

(3) 今日は昨日ほど暑くありません。

(4) あなたは林健さんですか？（反復疑問文を用いて）

(5) ここのギョーザは美味しい。

Ⅳ　【リスニング】閲読に基づいた中国語（単語、フレーズ、文）を聞いて解答欄に書き取りなさい。　🎧DL 63

(1)〔　　　　　　　　〕　(2)〔　　　　　　　　　〕　(3)〔　　　　　　　〕　💿CD1-63

(4)〔　　　　　　　　　〕　(5)〔　　　　　　　　　　　　〕

第 **8** 课　你 家 在 哪儿? Nǐ jiā zài nǎr?

《目標》　1. 自分の住んでいる場所やどこに何があるのかを説明できる。
　　　　　2. いつ何をするかを表現できる。

DL 65
CD1-65

対話

この日は授業が終わる時間が早めだったので、寄り道してから帰ろうという話になりました。

小王:　　你　　家　　在　　哪儿?
XiǎoWáng: Nǐ　　jiā　　zài　　nǎr?

林 健:　　我　　家　　在　　大阪。
Lín Jiàn:　Wǒ　　jiā　　zài　　Dàbǎn.

小王:　　你　　今天　　几　　点　　回　　家?
XiǎoWáng: Nǐ　　jīntiān　　jǐ　　diǎn　　huí　　jiā?

林 健:　　我　　下午　　五　　点　　回　　家。你　　有　　事儿　　吗?
Lín Jiàn:　Wǒ　　xiàwǔ　　wǔ　　diǎn　　huí　　jiā. Nǐ　　yǒu　　shìr　　ma?

小王:　　学校　　附近　　有　　一　　家　　书店，你　　去　　不　　去?
XiǎoWáng: Xuéxiào　　fùjìn　　yǒu　　yì　　jiā　　shūdiàn,　nǐ　　qù　　bu　　qù?

林 健:　　去!　　听说　　那儿　　有　　中文　　漫画。
Lín Jiàn:　Qù!　　Tīngshuō　　nàr　　yǒu Zhōngwén　　mànhuà.

DL 64
CD1-64

語句 **1**

对话

在 zài　　大阪 Dàbǎn　　点 diǎn　　回家 huí jiā　　有 yǒu　　事儿 shìr　　附近 fùjìn　　家 jiā
书店 shūdiàn　　听说 tīngshuō　　中文 Zhōngwén　　漫画 mànhuà　^{ポイント}书包 shūbāo　　人 rén
没 méi　　两 liǎng　　本 běn　　哥哥 gēge　　兄弟姐妹 xiōngdì jiěmèi　　零 líng　　分 fēn
刻 kè　　半 bàn　　差 chà　　分钟 fēnzhōng　　小时 xiǎoshí　　天 tiān　　第 dì　　年 nián
晚上 wǎnshang　　睡 shuì　　每天 měitiān　　票 piào　　路 lù

38

Point　ポイント

1. "在"　所在「～は…にいる／ある」（特定、既知の）人／物＋"在"＋場所

1. 他 在 学校。
Tā zài xuéxiào.

2. 他 不 在 这儿。
Tā bú zài zhèr.

3. 你 的 书包 在 那儿。
Nǐ de shūbāo zài nàr.

2. "有"

①存在「…に～がいる／ある」　場所＋"有"＋(不特定あるいは未知の)人／物

1. 那儿 有 一 个 人。
Nàr yǒu yí ge rén.

2. 那儿 没有 人。
Nàr méiyǒu rén.

②所有「～を持っている、～がいる」　所有者＋"有"＋人／物

3. 我 有 两 本 词典。
Wǒ yǒu liǎng běn cídiǎn.

4. 我 有 两 个 哥哥。
Wǒ yǒu liǎng ge gēge.

5. 我 没有 兄弟 姐妹。
Wǒ méiyǒu xiōngdì jiěmèi.

3. 時点（時刻）と時量（時間の長さ）

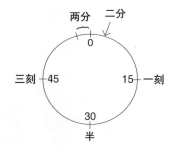

1. 现在 几 点?
Xiànzài jǐ diǎn?

2. 现在 两 点。
Xiànzài liǎng diǎn.

2:02 两 点 (零) 二 分
liǎng diǎn (líng) èr fēn

2:15 两 点 十五 分／两 点 一 刻　2:30 两 点 半
liǎng diǎn shíwǔ fēn ／liǎng diǎn yí kè　　liǎng diǎn bàn

2:45 两 点 四十五 分／两 点 三 刻
liǎng diǎn sìshiwǔ fēn ／liǎng diǎn sān kè

2:58 差 两 分 三 点／三 点 差 两 分
chà liǎng fēn sān diǎn ／sān diǎn chà liǎng fēn

●● 時刻と時間の長さの表現対照表

時点	二分 èr fēn	两点 liǎng diǎn	二号 èr hào	二月 èryuè	第二个星期 dì èr ge xīngqī	第二年 dì èr nián
時量	两分(钟) liǎng fēn(zhōng)	两个小时 liǎng ge xiǎoshí	两天 liǎng tiān	两个月 liǎng ge yuè	两个星期 liǎng ge xīngqī	两年 liǎng nián

＊時点は動詞より前に、時量は動詞の後に置きます。

「時点＋動詞」　1. 她 晚上 十一 点 半 睡。
Tā wǎnshang shíyī diǎn bàn shuì.

「動詞＋時量」　2. 她 每天 睡 七 个 半 小时。
Tā měitiān shuì qī ge bàn xiǎoshí.

4. 量詞　☞ 第3課。

「数詞＋量詞＋名詞」　　1. 两 个 人
liǎng ge rén
2. 两 张 票
liǎng zhāng piào

「指示代名詞＋量詞＋名詞」　3. 这 件 事儿
zhè jiàn shìr
4. 那 条 路
nà tiáo lù
5. 哪个 人
něige rén

閲読

林さんが規則正しい生活サイクルを紹介しています。

我　家　有　四　口　人，爸爸、　妈妈、　姐姐　和　我。
Wǒ　jiā　yǒu　sì　kǒu　rén,　bàba,　māma,　jiějie　hé　wǒ.

我　每天　早上　七　点　半　出门，晚上　六　点　半　回
Wǒ　měitiān　zǎoshang　qī　diǎn　bàn　chūmén,　wǎnshang　liù　diǎn　bàn　huí

家，七　点　吃　晚饭。姐姐　和　我　每天　晚上　一起
jiā,　qī　diǎn　chī　wǎnfàn.　Jiějie　hé　wǒ　měitiān　wǎnshang　yìqǐ

看　美剧，看　半　个　小时。我　平时　晚上　十二　点
kàn　Měijù,　kàn　bàn　ge　xiǎoshí.　Wǒ　píngshí　wǎnshang　shí'èr　diǎn

睡觉。
shuìjiào.

語句 2

閲読

口 kǒu（量詞）：～人（家族の人数を表す）　　妈妈 māma：母、お母さん　　姐姐 jiějie：姉、お姉さん

☞ 親族名称は第3課（p. 19）を参照。　　和 hé（接続詞）：～と…　　早上 zǎoshang：朝

出门 chū mén：出掛ける　　晚饭 wǎnfàn：夕食

美剧 Měijù：美国的电视剧 Měiguó de diànshìjù：アメリカのテレビドラマ　　平时 píngshí：ふだん

睡觉 shuì jiào：寝る

練習問題

宿舍 sùshè：宿舍、寮　　台 tái（量詞）：～台（機器の数を表す）　　电脑 diànnǎo：パソコン

汽车 qìchē：車、自動車　　学 xué：学ぶ、勉強する

Ⅰ　日本語の意味になるように、空欄に語句を埋めなさい。

(1) 你们学校（　　　　）哪儿?　　　　　　　　　　　　（あなたたちの学校はどこにありますか。）

(2) 你们学校（　　　　）宿舍吗?　　　　　　　　　　　（あなたたちの学校に宿舎はありますか。）

(3) 我（　　　）妹妹一起看美剧。　　　（わたしと妹は一緒にアメリカのテレビドラマをみます。）

(4) 他家有五（　　　　）人。　　　　　　　　　　　　　　　　（彼の家は5人家族です。）

Ⅱ　日本語の意味になるように、それぞれ①～④の語句を並べ替えなさい。

(1) わたしの家にはパソコンが2台あります。　　　　____ ____ ____ ____。
　　　① 我家　　② 有　　　③ 电脑　　④ 两台

(2) 彼のお姉さんは車を持っていません。　　　　　　____ ____ ____ ____。
　　　① 姐姐　　② 汽车　　③ 没有　　④ 他

(3) わたしは毎朝8時に学校へ行きます。　　　　　我每天 ____ ____ ____ ____。
　　　① 八点　　② 早上　　③ 学校　　④ 去

(4) 彼は毎日2時間半勉強します。　　　　　　　　他 ____ ____ ____ ____。
　　　① 小时　　② 学　　③ 每天　　④ 两个半

Ⅲ　次の日本語を中国語に訳しなさい。

(1) 彼はどこにいますか。

(2) わたしは今日8時に晩ご飯を食べます。

(3) 学校の近くに本屋が1軒あります。

(4) 彼は夜10時半に寝ます。

(5) 彼は毎日6時間半寝ます。

Ⅳ　【リスニング】閲読に基づいた中国語（単語、フレーズ、文）を聞いて解答欄に書き取りなさい。　🎧 DL 69
　　💿 CD1-69

(1) [　　　　　　　　　　]

(2) [　　　　　　　　　　]

(3) [　　　　　　　　　　　　　]

(4) [　　　　　　　　　　　　　]

(5) [　　　　　　　　　　　　　]

DL 71
CD1-71

《目標》　1. いつ、どこで何をするかを表現できる。
　　　　2. 空間的・時間的な距離を表現できる。

対話

王さんと林さんはよく一緒にお昼ご飯を食べていますが、この日はいつもとは違うお店で食べることにしました。

林　健:　我们　今天　在　哪儿　吃　午饭?
Lín Jiàn:　Wǒmen　jīntiān　zài　nǎr　chī　wǔfàn?

小王:　邮局　前边儿　有　一　家　面馆儿,　在　那儿　吃　吧。
XiǎoWáng:　Yóujú　qiánbianr　yǒu　yì　jiā　miànguǎnr,　zài　nàr　chī　ba.

林　健:　面馆儿　离　这儿　远　不　远?
Lín Jiàn:　Miànguǎnr　lí　zhèr　yuǎn　bu　yuǎn?

小王:　不　远,　从　这儿　去　只　要　五　分钟。
XiǎoWáng:　Bù　yuǎn,　cóng　zhèr　qù　zhǐ　yào　wǔ　fēnzhōng.

林　健:　好,　走　吧。你　在　那儿　吃过　饭　吗?
Lín Jiàn:　Hǎo,　zǒu　ba.　Nǐ　zài　nàr　chīguo　fàn　ma?

小王:　吃过　一　次。那儿　的　担担面　很　好吃。
XiǎoWáng:　Chīguo　yí　cì.　Nàr　de　dàndànmiàn　hěn　hǎochī.

DL 70
CD1-70

語句 1

対話　在 zài(介词)　午饭 wǔfàn　邮局 yóujú　前边儿 qiánbianr　面馆儿 miànguǎnr　离 lí
远 yuǎn　从 cóng　只 zhǐ　要 yào　走 zǒu　～过 guo　次 cì　担担面 dàndànmiàn
ポイント　到 dào(介词)　中国 Zhōngguó　还 hái　没(有) méi(you)　等 děng　一会儿 yíhuìr
衣服 yīfu　椅子 yǐzi　上 shang(方位词)　块(钱) kuài(qián)　毛(钱) máo(qián)
分 fēn　元 yuán　角 jiǎo

1. 介詞

"在"「～で、～に」
zài

1. 我 在 大学 学 汉语。
   Wǒ zài dàxué xué Hànyǔ.

"从"「～から」"到"「～まで」
cóng   dào

2. 从 我 家 到 学校 要 两 个 小时。
   Cóng wǒ jiā dào xuéxiào yào liǎng ge xiǎoshí.

"离"「～から、～まで」
lí

3. 我 家 离 学校 很 远。
   Wǒ jiā lí xuéxiào hěn yuǎn.

2. 過去の経験 "过"「～したことがある」

動詞＋"过"

1. 我 去过 中国。
   Wǒ qùguo Zhōngguó.

2. 我 还 没（有） 去过。
   Wǒ hái méi(you) qùguo.

3. 你 去过 中国 吗?
   Nǐ qùguo Zhōngguó ma?

4. 你 去过 中国 没有?
   Nǐ qùguo Zhōngguó méiyou?

3. 数量補語

動詞＋回数／時間

1. 我 去过 两 次。
   Wǒ qùguo liǎng cì.

2. 我 去过 两 次 中国。
   Wǒ qùguo liǎng cì Zhōngguó.

3. 我 去过 中国 两 次。
   Wǒ qùguo Zhōngguó liǎng cì.

4. 我 每天 看 两 个 小时 电视。
   Wǒ měitiān kàn liǎng ge xiǎoshí diànshì.

5. 我 等 他 一会儿。
   Wǒ děng tā yíhuìr.

4. 方位詞

	上 shàng	下 xià	前 qián	后 hòu	里 lǐ	外 wài	左 zuǒ
边儿 biānr	上边儿 shàngbiānr	下边儿 xiàbiānr	前边儿 qiánbiānr	后边儿 hòubiānr	里边儿 lǐbiānr	外边儿 wàibiānr	左边儿 zuǒbiānr
面 miàn	上面 shàngmiàn	下面 xiàmiàn	前面 qiánmiàn	后面 hòumiàn	里面 lǐmiàn	外面 wàimiàn	左面 zuǒmiàn
	右 yòu	旁 páng	对 duì	东 dōng	西 xī	南 nán	北 běi
边儿 biānr	右边儿 yòubiānr	旁边儿 pángbiānr	×	东边儿 dōngbiānr	西边儿 xībiānr	南边儿 nánbiānr	北边儿 běibiānr
面 miàn	右面 yòumiàn	×	对面 duìmiàn	东面 dōngmiàn	西面 xīmiàn	南面 nánmiàn	北面 běimiàn

1. 邮局 前边儿 有 一 家 面馆儿。
   Yóujú qiánbiānr yǒu yì jiā miànguǎnr.

2. 你 的 衣服 在 椅子上。
   Nǐ de yīfu zài yǐzishang.

● 中国の通貨 ☞ 第3課語句、第9課閲読。

一 块（钱） ＝ 十 毛（钱） ＝ 一 百 分   一 元 ＝ 十 角 ＝ 一 百 分
yí kuài(qián) shí máo(qián) yì bǎi fēn   yì yuán shí jiǎo yì bǎi fēn

🎧 DL 74
◉ CD1-74

| 閲読 |

王さんのふだんの昼食はこんな感じです。

我　每天　在　学生　食堂　买　盒饭　和　饮料。一
Wǒ　měitiān　zài　xuéshēng　shítáng　mǎi　héfàn　hé　yǐnliào. Yí

个　盒饭　四十　块，一　瓶　饮料　十二　块。学生　食堂
ge　héfàn　sìshí　kuài, yì　píng　yǐnliào　shí'èr　kuài. Xuéshēng　shítáng

价钱　很　便宜，味道　也　还　可以。学生　食堂　在
jiàqian　hěn　piányi, wèidao　yě　hái　kěyǐ. Xuéshēng　shítáng　zài

教室　的　旁边儿，从　教室　到　学生　食堂　只　要　五
jiàoshì　de　pángbiānr, cóng　jiàoshì　dào　xuéshēng　shítáng　zhǐ　yào　wǔ

分钟，很　方便。
fēnzhōng, hěn　fāngbiàn.

🎧 DL 73
◉ CD1-73

| 語句 2 |

食堂 shítáng：食堂　　盒饭 héfàn：お弁当　　饮料 yǐnliào：飲み物

瓶 píng（量詞）：本（瓶に入ったものを数える）　　味道 wèidao：味

还可以 hái kěyǐ：まあまあ良い ☞ 第10課ポイント・主述述語文　　教室 jiàoshì：教室

方便 fāngbiàn：便利である　　做 zuò：する　　作业 zuòyè：宿題　　桌子 zhuōzi：机・テーブル

车站 chēzhàn：駅　　电影 diànyǐng：映画　　英国 Yīngguó：イギリス

44

Ⅰ　日本語の意味になるように、空欄に語句を埋めなさい。

(1) 他们（　　　　）家做作业。　　　　　　　　　　（彼らは家で宿題をします。）

(2) 桌子（　　　　）有两个苹果。　　　　　　（テーブルの上にリンゴが２つあります。）

(3) （　　　）我家（　　　）学校要两个小时。（わたしの家から学校まで２時間かかります。）

(4) 一个星期有（　　　　）天?　　　　　　　　　（１週間は何日ありますか。）

Ⅱ　日本語の意味になるように、それぞれ①〜④の語句を並べ替えなさい。

(1) あなたのかばんは椅子の上にあります。　　　＿＿　＿＿　＿＿　＿＿。

　　① 在　　② 上　　③ 你的书包　　④ 椅子

(2) 郵便局の左に食堂があります。　　　　　　　＿＿　＿＿　＿＿　＿＿。

　　① 一家食堂　　② 有　　③ 左边儿　　④ 邮局

(3) わたしの家から駅までは５分しかかからない。　　＿＿　＿＿　＿＿　＿＿。

　　① 到车站　　② 五分钟　　③ 只要　　④ 从我家

(4) わたしは中国映画を１回見たことがあります。　　我 ＿＿　＿＿　＿＿　＿＿。

　　① 一次　　② 过　　③ 看　　④ 中国电影

Ⅲ　次の日本語を中国語に訳しなさい。

(1) 郵便局はここから遠くない。

(2) わたしはイギリスに１回行ったことがあります。

(3) わたしは担々麺を食べたことがありません。

(4) わたしは毎日教室で昼ごはんを食べます。

Ⅳ　【リスニング】閲読に基づいた中国語（単語、フレーズ、文）を聞いて解答欄に書き取りなさい。　🎧 DL 75

　　　　　　　　　　　　　　　　　　　　　　　　　　　　　　　　　　　　💿 CD1-75

(1) [　　　　　　　　　　　　　　]

(2) [　　　　　　　　　　　　　　]

(3) [　　　　　　　　　　　　　　　]

(4) [　　　　　　　　　　　　　　]

(5) [　　　　　　　　　　　　　　　]

好 一点儿 了 吗? Hǎo yìdiǎnr le ma?

《目標》 1. 二つの"了"で完了や変化「～した、～なった」を表現できる。
2. 何がしたいのか、するつもりなのかを表現できる。

DL 77
CD1-77

 対 話

具合の悪そうな王さんを見て、林さんは心配しています。

林 健: 你 怎么 了?
Lín Jiàn: Nǐ zěnme le?

小王: 我 身体 有点儿 不 舒服。
XiǎoWáng: Wǒ shēntǐ yǒudiǎnr bù shūfu.

林 健: 吃 药 了 吗?
Lín Jiàn: Chī yào le ma?

小王: 刚才 吃了 两 片儿 药。
XiǎoWáng: Gāngcái chīle liǎng piànr yào.

林 健: 好 一点儿 了 吗?
Lín jiàn: Hǎo yìdiǎnr le ma?

小王: 比 刚才 好多了。
XiǎoWáng: Bǐ gāngcái hǎoduōle.

林 健: 你 晚上 想 吃 什么?
Lín Jiàn: Nǐ wǎnshang xiǎng chī shénme?

小王: 我 晚上 想 吃 水饺。
XiǎoWáng: Wǒ wǎnshang xiǎng chī shuǐjiǎo.

DL 76
CD1-76

语句 **1**
对话 怎么 zěnme   了 le   身体 shēntǐ   有点儿 yǒudiǎnr   舒服 shūfu   药 yào
刚才 gāngcái   片儿 piànr   ～多了 duōle(比較文)   想 xiǎng   水饺 shuǐjiǎo
ポイント 个子 gèzi   天气 tiānqì   忙 máng   杯 bēi(量詞)   就 jiù   当 dāng   要 yào

1. 主述述語文

1. 他 个子 很 高。
Tā gèzi hěn gāo.

2. 今天 天气 很 好。
Jīntiān tiānqì hěn hǎo.

3. 我 学习 很 忙。
Wǒ xuéxí hěn máng.

2. ふたつの "了"

①完了「〜した」 動詞＋"了"

1. 我 喝了 一 杯 咖啡。
Wǒ hēle yì bēi kāfēi.

2. 我 喝了 咖啡 就 走。
Wǒ hēle kāfēi jiù zǒu.

3. 你 看 了 吗? / 你 看了 没有?
Nǐ kàn le ma? / Nǐ kànle méiyou?

4. 我 看 了。
Wǒ kàn le.

5. 我 还 没(有) 看。
Wǒ hái méi(you) kàn.

②語気助詞「〜なった」、「〜した」文末の "了"

6. 三 点 了。
Sān diǎn le.

7. 我 十九 岁 了。
Wǒ shíjiǔ suì le.

8. 我 好 了。
Wǒ hǎo le.

9. 我 喝 咖啡 了。
Wǒ hē kāfēi le.

＊動作の長さと "了"

10. 我 学了 两 年 汉语。
Wǒ xuéle liǎng nián Hànyǔ.

11. 我 学了 两 年 汉语 了。
Wǒ xuéle liǎng nián Hànyǔ le.

3. 「少し」の言いかた

①形容詞＋"一点儿"

1. 这个 比 那个 便宜 一点儿。
Zhèige bǐ nèige piányi yìdiǎnr.

2. 今天 比 昨天 冷 一点儿。
Jīntiān bǐ zuótiān lěng yìdiǎnr.

②"有点儿"＋形容詞

3. 我 有点儿 不 舒服。
Wǒ yǒudiǎnr bù shūfu.

4. 今天 有点儿 冷。
Jīntiān yǒudiǎnr lěng.

4. 願望・意志「〜したい」「〜するつもりだ」の表現

"想" 1. 我 想 当 老师。
xiǎng Wǒ xiǎng dāng lǎoshī.

"要" 2. 我 要 去 中国。
yào Wǒ yào qù Zhōngguó.

否定詞を置く場所：否定詞＋助動詞＋主要動詞

"不"＋"想"＋"去" 3. 我 不 想 去 中国。
Wǒ bù xiǎng qù Zhōngguó.

"没"＋"想"＋"当" 4. 我 没 想 当 老师。
Wǒ méi xiǎng dāng lǎoshī.

閲読

風邪をひいた王さんは病院に行ってお医者さんに診てもらいました。

昨天　我　感冒　了，头疼，发　高烧。我　马上　去了
Zuótiān　wǒ　gǎnmào　le,　tóuténg,　fā　gāoshāo.　Wǒ　mǎshàng　qùle

医院。我　对　大夫　说："我　觉得　有点儿　不　舒服，不
yīyuàn.　Wǒ　duì　dàifu　shuō:　"Wǒ　juéde　yǒudiǎnr　bù　shūfu,　bù

想　吃　饭。"大夫　开了　两　种　药。我　吃了　药
xiǎng　chī　fàn."　Dàifu　kāile　liǎng　zhǒng　yào.　Wǒ　chīle　yào

以后，就　睡觉　了。我　睡了　十　个　小时。现在　我
yǐhòu,　jiù　shuìjiào　le.　Wǒ　shuìle　shí　ge　xiǎoshí.　Xiànzài　wǒ

已经　好多了。
yǐjīng　hǎoduōle.

語句 2

閲読

感冒 gǎnmào：風邪をひく　　头疼 tóuténg：頭が痛い、頭痛がする　　发烧 fā shāo：熱が出る

高烧 gāoshāo：高熱　　马上 mǎshàng（副詞）：すぐに　　医院 yīyuàn：病院　　对 duì（介詞）：～に

大夫 dàifu：医者　　觉得 juéde：～だと思う　　开药 kāi yào：薬を処方する　　种 zhǒng（量詞）：種類

以后 yǐhòu：以後、～してから　　已经 yǐjīng（副詞）：すでに　練習問題 累 lèi：疲れている

工作 gōngzuò：仕事

I （　　　）内から適切な方を選んで文を完成させ、全文を日本語に訳しなさい。

(1) 我（有点儿 / 一点儿）不舒服。

(2) 昨天我感冒了，头疼，（发 / 出）高烧。

(3) （喝 / 吃）了药以后，我就睡觉了。

(4) 现在比刚才（好多 / 很好）了。

II 日本語の意味になるように、それぞれ①〜④の語句を並べ替えなさい。

(1) わたしは少し疲れました。　　　　　　　　___ ___ ___ ___ 。

　　① 累　　② 了　　③ 有点儿　　④ 我

(2) これはあれより少し値段が高いです。　　这个 ___ ___ ___ ___ 。

　　① 一点儿　　② 那个　　③ 比　　④ 贵

(3) わたしはリンゴを2つ食べました。　　　我 ___ ___ ___ ___ 。

　　① 两个　　② 了　　③ 吃　　④ 苹果

(4) わたしはまだご飯を食べていません。　　我 ___ ___ ___ ___ 。

　　① 饭　　② 没　　③ 还　　④ 吃

III 次の日本語を中国語に訳しなさい。

(1) わたしは紅茶を1杯飲みました。

(2) わたしはその映画を見たくありません。

(3) わたしは仕事が忙しい。

(4) わたしは2年中国語を勉強しています。

(5) わたしは中国で担々麺が食べたい。

IV 【リスニング】閲読に基づいた中国語（単語、フレーズ、文）を聞いて解答欄に書き取りなさい。 🎧 DL 81

(1) [　　　　　　　　　　　] 　　　　　(2) [　　　　　　　　　　] 　　💿 CD1-81

(3) [　　　　　　　　　　　]

(4) [　　　　　　　　　　　　　　　]

(5) [　　　　　　　　　　　　　　　]

《目標》　1. いま何をしているか（進行）を表現できる。
　　　　　2. すでにしたことについて、その結果を表現できる。

DL 83
CD1-83

 对 話

林さんが何かを熱心に見ています。そこへ王さんがやって来ました。

小王：　你　在　干　什么　呢？
XiǎoWáng:　Nǐ　zài　gàn　shénme　ne?

林　健：　我　在　看　昨天　买　的　中国　地图。
Lín Jiàn:　Wǒ　zài　kàn　zuótiān　mǎi　de　Zhōngguó　dìtú.

小王：　快要　放　寒假　了　吧。
XiǎoWáng:　Kuàiyào　fàng　hánjià　le　ba.

林　健：　对，我　想　一　放　寒假　就　去　旅游。
Lín Jiàn:　Duì,　wǒ　xiǎng　yí　fàng　hánjià　jiù　qù　lǚyóu.

小王：　你　打算　去　中国　旅游　吗？
XiǎoWáng:　Nǐ　dǎsuan　qù　Zhōngguó　lǚyóu　ma?

林　健：　对，我　已经　想好了　旅游　路线。
Lín Jiàn:　Duì,　wǒ　yǐjīng　xiǎnghǎole　lǚyóu　lùxiàn.

小王：　你　打算　坐　飞机　去，还是　坐　船　去？
XiǎoWáng:　Nǐ　dǎsuan　zuò　fēijī　qù,　háishi　zuò　chuán　qù?

林　健：　我　打算　坐　船　去。我　不　喜欢　坐　飞机。
Lín Jiàn:　Wǒ　dǎsuan　zuò　chuán　qù.　Wǒ　bù　xǐhuan　zuò　fēijī.

DL 82
CD1-82

語句 **1**

对話　在 zài（副詞）　干 gàn　地图 dìtú　快（要）～了 kuài(yào)~le　放 fàng　寒假 hánjià
一～就… yī~jiù…　旅游 lǚyóu　打算 dǎsuan　想 xiǎng　～好 ~hǎo（結果補語）　路线 lùxiàn
坐 zuò　飞机 fēijī　船 chuán　喜欢 xǐhuan　ポイント 正在 zhèngzài（副詞）　做饭 zuò fàn　着 zhe　门 mén
开 kāi　留学 liú xué　玩儿 wánr　车 chē　完 wán　找 zhǎo　到 dào　懂 dǒng　漂亮 piàoliang

1. 「～している」

①動作の進行「"(正)在"＋動詞＋("呢")」

1. 她 在 吃 饭。
   Tā zài chī fàn.

2. 她 正在 做 饭 呢。
   Tā zhèngzài zuò fàn ne.

②状態の持続「動詞＋"着"＋("呢")」☞ 状態の持続を表す"着"は第14課対話とポイント1でも学習。

3. 我 坐着。
   Wǒ zuòzhe.

4. 门 开着 呢。
   Mén kāizhe ne.

2. 連動文「動詞句１＋動詞句２」

1. 我 去 中国 留学。
   Wǒ qù Zhōngguó liúxué.

2. 你 来 我 家 玩儿 吧。
   Nǐ lái wǒ jiā wánr ba.

3. 我 坐 车 去 学校。
   Wǒ zuò chē qù xuéxiào.

3. 結果補語

"～完" 「～し終える」　吃完 看完
wán　　　　　　　　chīwán kànwán

"～好" 「きちんと～し終える」　想好 做好
hǎo　　　　　　　　　　　xiǎnghǎo zuòhǎo

"～到" 「(目的に)達する」　找到 买到
dào　　　　　　　　　　zhǎodào mǎidào

"～懂" 「理解する」　看懂 听懂
dǒng　　　　　　　kàndǒng tīngdǒng

1. 那 本 书 你 买到 了 吗?
   Nà běn shū nǐ mǎidào le ma?

2. 那 本 书 我 已经 买到 了。
   Nà běn shū wǒ yǐjīng mǎidào le.

3. 那 本 书 我 还 没(有) 买到。
   Nà běn shū wǒ hái méi(you) mǎidào.

4. 動詞／形容詞(修飾語)＋"的"＋名詞(被修飾語) ☞ 第6課ポイント3。

形容詞… 1. 很 漂亮 的 衣服　　動詞…… 2. 她 买 的 衣服
        hěn piàoliang de yīfu　　　　　　tā mǎi de yīfu

閲読

旅行好きの林さんは、初めて行った中国がすっかり気に入りました。

今年　暑假　我　去　中国　旅游　了。我　去了　上海
Jīnnián shǔjià wǒ qù Zhōngguó lǚyóu le. Wǒ qùle Shànghǎi

和　北京。小王　的　老家　在　北京。我　去了　她　家。
hé Běijīng. XiǎoWáng de lǎojiā zài Běijīng. Wǒ qùle tā jiā.

她　还　陪　我　去了　长城　和　故宫。我　很　喜欢
Tā hái péi wǒ qùle Chángchéng hé Gùgōng. Wǒ hěn xǐhuan

中国。快要　放　寒假　了。我　打算　一　放　寒假　就
Zhōngguó. Kuàiyào fàng hánjià le. Wǒ dǎsuan yí fàng hánjià jiù

去　云南　旅游。我　准备　去　两　个　星期。
qù Yúnnán lǚyóu. Wǒ zhǔnbèi qù liǎng ge xīngqī.

語句 2

閲読　暑假 shǔjià：夏休み　上海 Shànghǎi：上海　北京 Běijīng：北京　老家 lǎojiā：実家、郷里

还 hái：また、さらに　陪 péi：付き添う　长城 Chángchéng：万里の長城

故宫 Gùgōng：故宮、紫禁城　云南 Yúnnán：雲南　准备 zhǔnbèi：〜するつもりである

練習問題　火车 huǒchē：列車、汽車　站 zhàn：駅（北京站 Běijīng zhàn）　说 shuō：話す　话 huà：話、言葉

东西 dōngxi：物　商店 shāngdiàn：店　韩国 Hánguó：韓国　钱包 qiánbāo：財布

I 空欄を埋めるのに最も適当なものを、①～④から選びなさい。

(1) 我（　　　）飞机去中国。① 在　　　② 了　　　③ 坐　　　④ 想

(2) 我（　　　）去两个月。　① 准备　　② 了　　③ 马上　　④ 快

(3) 火车（　　　）到北京站（　　　）。
　　　① 一～就　　② 从～到　　③ 了～了　　④ 快～了

(4) 老师说的话，你（　　　）了吗?
　　　① 在听　　　② 没看　　　③ 听懂　　　④ 看懂

II 日本語の意味になるように、それぞれ①～④の語句を並べ替えなさい。

(1) あの本をわたしはすでに読み終えました。　那本书我 ＿＿ ＿＿ ＿＿ ＿＿。
　　　① 完　　② 了　　③ 看　　④ 已经

(2) 中国へ旅行に行きたいです。　　　　　　　我 ＿＿ ＿＿ ＿＿ ＿＿。
　　　① 中国　　② 去　　③ 旅游　　④ 想

(3) わたしたちは店へ買い物に行きます。　　　我们 ＿＿ ＿＿ ＿＿ ＿＿。
　　　① 东西　　② 商店　　③ 去　　④ 买

(4) 彼女はとてもきれいな服を1着買いました。　她买了 ＿＿ ＿＿ ＿＿ ＿＿。
　　　① 的　　② 一件　　③ 衣服　　④ 很漂亮

III 次の日本語を中国語に訳しなさい。

(1) わたしは中国の映画をみています。

(2) わたしは飛行機で韓国へ旅行にいくつもりです。

(3) わたしはテレビを見るのが好きではありません。

(4) わたしの財布はすでに見つかりました。

(5) もうすぐ冬休みです。

IV 【リスニング】閲読に基づいた中国語（単語、フレーズ、文）を聞いて解答欄に書き取りなさい。🎧DL 87

(1) [　　　　　　　　　　] 　(2) [　　　　　　　　　　]　　　💿CD1-87

(3) [　　　　　　　　　　　　]

(4) [　　　　　　　　　　　　]

(5) [　　　　　　　　　　　　]

第 **12** 课　你 会 开 车 吗? <small>Nǐ huì kāichē ma?</small>

《目標》　1. 助動詞でさまざまな「できる」を表現できる。
　　　　　2. すでにしたことの内容 (5W1H) を "是〜的" の構文で強調して説明できる。

DL 89
CD2-2

まだ王さんとドライブに行ったことがなかったな、と思った林さんは王さんを誘ってみることにしました。

林 健：　你　会　开　车　吗?
Lín Jiàn:　Nǐ　huì　kāi　chē　ma?

小王：　会，但　技术　还　不行。你　的　技术　怎么样?
XiǎoWáng:　Huì,　dàn　jìshù　hái　bùxíng.　Nǐ　de　jìshù　zěnmeyàng?

林 健：　还　可以。我　很　喜欢　开　车。
Lín Jiàn:　Hái　kěyǐ.　Wǒ　hěn　xǐhuan　kāi　chē.

小王：　你　是　什么　时候　拿到　驾照　的?
XiǎoWáng:　Nǐ　shì　shénme　shíhou　nádào　jiàzhào　de?

林 健：　我　是　高中　的　时候　拿到　的。
Lín Jiàn:　Wǒ　shì　gāozhōng　de　shíhou　nádào　de.

小王：　你　真　厉害！　我　上　个　月　才　拿到。
XiǎoWáng:　Nǐ　zhēn　lìhai!　Wǒ　shàng　ge　yuè　cái　nádào.

林 健：　明天　我们　去　兜风　吧！　我　开　车　去　接　你。
Lín Jiàn:　Míngtiān　wǒmen　qù　dōufēng　ba!　Wǒ　kāi　chē　qù　jiē　nǐ.

小王：　明天　我　不　能　去，我　得　打工。
XiǎoWáng:　Míngtiān　wǒ　bù　néng　qù,　wǒ　děi　dǎgōng.

DL 88
CD2-1

語句 1

对话　会 huì　　开车 kāi chē　　但 dàn　　技术 jìshù　　不行 bùxíng　　什么时候 shénme shíhou
　　　拿 ná　　驾(驶执)照 jià(shǐ zhí)zhào　　高中 gāozhōng　　时候 shíhou　　真 zhēn　　厉害 lìhai
　　　才 cái　　兜风 dōufēng　　接 jiē　　能 néng　　得 děi　　打工 dǎ gōng
ポイント　游泳 yóu yǒng　　游 yóu　　公里 gōnglǐ　　可以 kěyǐ　　抽烟 chōu yān　　现在 xiànzài
　　　不用 búyòng　　怎么 zěnme　　电车 diànchē　　起床 qǐ chuáng

1. 助動詞1　可能の助動詞「できる」

"会"　…習得　1. 我　会　游泳。
huì　　　　　Wǒ　huì　yóuyǒng.

"能"　…能力　2. 我　能　游　一　公里。
néng　　　　　Wǒ　néng　yóu　yì　gōnglǐ.

　　　…条件　3. 你　明天　能　来　吗?
　　　　　　　　Nǐ　míngtiān　néng　lái　ma?

"可以"…許可　4. 这儿　可以　抽烟　吗?
kěyǐ　　　　　Zhèr　kěyǐ　chōuyān　ma?

2. 助動詞2　必然・当然の助動詞「〜ねばならない」「〜すべきだ」

"要"　1. 你　今天　要　做完　作业。
yào　　　Nǐ　jīntiān　yào　zuòwán　zuòyè.

"得"　2. 我　现在　得　做　作业。
děi　　　Wǒ　xiànzài　děi　zuò　zuòyè.

＊否定形「〜しなくてよい」"不用"

　3. 你　今天　不用　做　作业。
　　　Nǐ　jīntiān　búyòng　zuò　zuòyè.

3. "(是)〜的"構文

すでに完了した事柄について、「時、場所、手段」などに焦点を当てる言い方です。

1. 你　是　在 哪儿 学 的 汉语?
Nǐ　shì　zài　nǎr　xué　de　Hànyǔ?

2. 我　是　在 北京 学 的 汉语。
Wǒ　shì　zài　Běijīng　xué　de　Hànyǔ.

3. 你　今天　是　怎么 来 的?
Nǐ　jīntiān　shì　zěnme　lái　de?

4. 我　是　坐 电车 来 的。
Wǒ　shì　zuò　diànchē　lái　de.

4. "才" と "就"

1. 我　昨天　两　点　才　睡觉。
Wǒ　zuótiān　liǎng　diǎn　cái　shuìjiào.

2. 我　今天　五　点　就　起床　了。
Wǒ　jīntiān　wǔ　diǎn　jiù　qǐchuáng　le.

阅读 DL 92 / CD2-5

王さんは趣味が昂じて将来のことも考えてアルバイトをしています。

小王 得 打工 挣 学费。她 在 面包店 打工。
XiǎoWáng děi dǎgōng zhèng xuéfèi. Tā zài miànbāodiàn dǎgōng.

每 个 星期五 她 下了 课，就 去 打工。那 家
Měi ge xīngqīwǔ tā xiàle kè, jiù qù dǎgōng. Nà jiā

面包店 卖 的 面包 都 很 好吃。小王 很 喜欢 烤
miànbāodiàn mài de miànbāo dōu hěn hǎochī. XiǎoWáng hěn xǐhuan kǎo

面包。她 将来 也 想 在 中国 开 面包店。昨天 她
miànbāo Tā jiānglái yě xiǎng zài Zhōngguó kāi miànbāodiàn. Zuótiān tā

和 林 健 一起 去 兜风 了，小王 给了 他 自己
hé Lín Jiàn yìqǐ qù dōufēng le, XiǎoWáng gěile tā zìjǐ

烤 的 面包。
kǎo de miànbāo.

语句 2 DL 91 / CD2-4

挣 zhèng：稼ぐ　学费 xuéfèi：学費　面包店 miànbāodiàn：パン屋

下课 xià kè：授業を終える、授業が終わる　卖 mài：売る　烤 kǎo：焼く　将来 jiānglái：将来

开 kāi：開く、開設する、経営する　和 hé(介詞)：〜と　给 gěi：あげる、やる ☞ 第13課対話・ポイント2

自己 zìjǐ：じぶん(で)　旧书 jiùshū：古本　多少 duōshao(数量を問う疑問代名詞)：どのくらい

米 mǐ：メートル　照相 zhào xiàng：写真を撮る

I （　　　　）内から適切な方を選んで文を完成させ、全文を日本語に訳しなさい。

(1) 我是去年拿到驾照（的 / 了）。

(2) 这个书店卖（的 / 了）书都是旧书。

(3) 我开车（接去 / 去接）你。

(4) 我想（从 / 在）大阪开面馆儿。

II 日本語の意味になるように、空欄に適切な語句を書き入れなさい。

(1) 你（　　　　　　　　　　）吗?　　　　　　　　　　　　（あなたは泳げますか。）

(2) 你（　　　　　　　　　　）多少米?　　　　　　　　　（あなたは何メートル泳げますか。）

(3) 我明天（　　　　　　　　　　）。　　　　　　　　（わたしは明日来ることができません。）

(4) 这儿（　　　　　　　　　　）吗?　　　　　　　　（ここは写真を撮ることができますか。）

III 次の日本語を中国語に訳しなさい。

(1) 彼は車で来たのです。

(2) わたしは去年やっと運転免許をとりました。

(3) あなたは中国語を話すことができますか。

(4) 今日わたしは行けません。アルバイトをしなくてはいけません。

(5) わたしはきょう宿題をし終えなくてはいけません。

IV 【リスニング】閲読に基づいた中国語（単語、フレーズ、文）を聞いて解答欄に書き取りなさい。 DL 93
　　CD2-6

(1) [　　　　　　　　　　　]

(2) [　　　　　　　　　　　]

(3) [　　　　　　　　　　　]

(4) [　　　　　　　　　　　]

(5) [　　　　　　　　　　　]

第 13 课　谁 教 你们 汉语？　*Shéi jiāo nǐmen Hànyǔ?*

《目標》　1. 自分や相手の状況を様態補語や受け身表現で説明できる。
　　　　　2. 二重目的語をとる動詞で「誰に何を~する」を表現できる。

DL 95
CD2-8

対話

林さんは中国語の勉強も兼ねて、自分で書いた中国語の手紙を王さんに読んでもらっています。

小王：　你　给　我　用　汉语　写　的　信，写得　很　好！
XiǎoWáng：Nǐ　gěi　wǒ　yòng　Hànyǔ　xiě　de　xìn,　xiěde　hěn　hǎo!

林 健：　还　不行，我　写得　不　好。
Lín Jiàn：Hái　bùxíng,　wǒ　xiěde　bù　hǎo.

小王：　你　是　什么　时候　开始　学　汉语　的?
XiǎoWáng：Nǐ　shì　shénme　shíhou　kāishǐ　xué　Hànyǔ　de?

林 健：　我　是　半　年　前　开始　学　的。
Lín Jiàn：Wǒ　shì　bàn　nián　qián　kāishǐ　xué　de.

小王：　现在　谁　教　你们　汉语?
XiǎoWáng：Xiànzài　shéi　jiāo　nǐmen　Hànyǔ?

林 健：　李　老师　教　我们　汉语。
Lín Jiàn：Lǐ　lǎoshī　jiāo　wǒmen　Hànyǔ.

小王：　李　老师　严　吗?
XiǎoWáng：Lǐ　lǎoshī　yán　ma?

林 健：　他　非常　严。我们　经常　被　他　批评。
Lín Jiàn：Tā　fēicháng　yán.　Wǒmen　jīngcháng　bèi　tā　pīpíng.

DL 94
CD2-7

語句 1

対話　给 gěi（介词）　用 yòng　写 xiě　信 xìn　得 de　前 qián　开始 kāishǐ　教 jiāo　严 yán
非常 fēicháng　被 bèi　批评 pīpíng　ポイント 送 sòng　礼物 lǐwù　告诉 gàosu　秘密 mìmì
偷 tōu　鸟 niǎo　早餐 zǎocān　一下 yíxià

58

1. 様態補語　動詞／形容詞＋"得"＋様子／状態／程度

1. 他（说）汉语 说得 好 吗?
   Tā (shuō) Hànyǔ shuōde hǎo ma?

2. 他（说）汉语 说得 很 好。
   Tā (shuō) Hànyǔ shuōde hěn hǎo.

3. 他（说）汉语 说得 不 好。
   Tā (shuō) Hànyǔ shuōde bù hǎo.

2. 二重目的語をとる動詞　動詞＋目的語1（～に）＋目的語2（～を）

1. 我 送 你 一 个 礼物。
   Wǒ sòng nǐ yí ge lǐwù.

2. 我 给 你 一 本 书。
   Wǒ gěi nǐ yì běn shū.

3. 我 告诉 你 一 个 秘密。
   Wǒ gàosu nǐ yí ge mìmì.

3. 受身文　受身の介詞＋（名詞）＋動詞

1. 我 被 老师 批评 了。
   Wǒ bèi lǎoshī pīpíng le.

2. 我 的 钱包 被 偷 了。
   Wǒ de qiánbāo bèi tōu le.

3. 你 的 早餐 被 鸟 吃 了。
   Nǐ de zǎocān bèi niǎo chī le.

4. 動詞の重ね型

1. 你 看看。
   Nǐ kànkan.

2. 你 看一看。
   Nǐ kànyikan.

3. 他 给 我 看了看。
   Tā gěi wǒ kànlekan.

＊你 看 一下。
   Nǐ kàn yíxià.

閲読

ふだんは優しい王さんですが、中国語の勉強のこととなると、なかなか厳しいことを言います。

昨天　小王　来　我　家　玩儿　的　时候，她　给　我
Zuótiān XiǎoWáng lái wǒ jiā wánr de shíhou, tā gěi wǒ

看了　我　用　中文　写　的　信。她　说　我　写错了　很
kànle wǒ yòng Zhōngwén xiě de xìn. Tā shuō wǒ xiěcuòle hěn

多　字，字　写得　也　不太　认真。她　给了　我　一　本
duō zì, zì xiěde yě bútài rènzhēn. Tā gěile wǒ yì běn

汉语　词典　和　一　本　语法　书。我　重新　写了　一
Hànyǔ cídiǎn hé yì běn yǔfǎ shū. Wǒ chóngxīn xiěle yì

封　信，又　给　小王　看了看。她　看完　以后　说："这
fēng xìn, yòu gěi XiǎoWáng kànlekan. Tā kànwán yǐhòu shuō: "Zhè

封　信　你　写得　还　可以。"
fēng xìn nǐ xiěde hái kěyǐ."

語句 2

閲読

～错 cuò（結果補語）：～し間違える　　多 duō：多い　　字 zì：字　　不太～ bútài ～：あまり～でない

认真 rènzhēn：真面目である　　语法 yǔfǎ：文法　　重新 chóngxīn：改めて　　封 fēng（量詞）：通

又 yòu：また　☞第15課ポイント3　　**練習問題** 修改 xiūgǎi：直す　　花 huā：費やす　　长 cháng：長い

时间 shíjiān：時間　　做菜 zuò cài：料理を作る　　唱 chàng：うたう

好听 hǎotīng：(耳で聞いた感じが) 良い、きれいだ　　问 wèn：質問する　　问题 wèntí：質問

自行车 zìxíngchē：自転車　　跑 pǎo：走る　　快 kuài：(スピードが) 速い

Ⅰ （　　　）内から適切な方を選んで文を完成させ、全文を日本語に訳しなさい。

(1) 我（有 / 在）给中国朋友写信。

(2) 小王给我修改了（一下 / 有点儿）。

(3) 你觉得我写（了 / 得）怎么样?

(4) 我花了很长时间（才 / 就）写好。

Ⅱ 日本語の意味になるように、それぞれ①～④の語句を並べ替えなさい。

(1) きのう彼は父親に叱られました。　　　　　昨天 ＿＿ ＿＿ ＿＿ ＿＿ 了。
　　① 批评　　② 他　　③ 爸爸　　④ 被

(2) 彼女は料理がたいへん上手です。　　　　　她 ＿＿ ＿＿ ＿＿ ＿＿。
　　① 做　　② 做菜　　③ 很好　　④ 得

(3) わたしは彼の歌はとても上手だと思います。　我 ＿＿ ＿＿ ＿＿ ＿＿。
　　① 唱得　　② 他　　③ 非常好听　　④ 觉得

(4) 先生にひとつ質問をしたいのですが。　　　我 ＿＿ ＿＿ ＿＿ ＿＿。
　　① 一个问题　　② 问　　③ 老师　　④ 想

Ⅲ 次の日本語を中国語に訳しなさい。

(1) わたしの自転車は盗まれました。

(2) 彼女は走るのがとても速い。

(3) 彼女は字を上手に書きます。

(4) 彼女はよくわたしにプレゼントをくれます。

(5) わたしは中国人の友人に手紙を書くことが好きです。

Ⅳ 【リスニング】閲読に基づいた中国語（単語、フレーズ、文）を聞いて解答欄に書き取りなさい。🎧DL 99
　　◎ CD2-12

(1) [　　　　　　　　]

(2) [　　　　　　　　]

(3) [　　　　　　　　]

(4) [　　　　　　　　　　]

(5) [　　　　　　　　　　]

我 把 她 送到 车站。 Wǒ bǎ tā sòngdào chēzhàn.

《目標》 1.（存現文で）どこで、何がどうなっているのかを表現できる。
2. あいだに割り込む "得" と "不"（可能補語）で「できる・できない」を表現できる。

DL 101
CD2-14

図書館での勉強を終え帰宅しようとした王さんですが、あいにく外は雨。なにやら林さんにお願いしています。

小王： 那儿 放着 一 本 词典，那 是 谁 的?
XiǎoWáng: Nàr fàngzhe yì běn cídiǎn, nà shì shéi de?

林 健： 是 我 的。你 帮 我 拿过来，好 吗?
Lín Jiàn: Shì wǒ de. Nǐ bāng wǒ náguòlai, hǎo ma?

小王： 好。你 桌子上 怎么 放着 这么 多 书?
XiǎoWáng: Hǎo. Nǐ zhuōzishang zěnme fàngzhe zhème duō shū?

林 健： 这些 都 是 做 作业 用 的 资料。
Lín Jiàn: Zhèxiē dōu shì zuò zuòyè yòng de zīliào.

小王： 你 的 作业 半 个 小时 做得完 吗?
XiǎoWáng: Nǐ de zuòyè bàn ge xiǎoshí zuòdewán ma?

林 健： 可能 做不完。你 有 什么 事儿?
Lín Jiàn: Kěnéng zuòbuwán. Nǐ yǒu shénme shìr?

小王： 下 雨 了。你 开 车 把 我 送到 车站，好 吗?
XiǎoWáng: Xià yǔ le. Nǐ kāi chē bǎ wǒ sòngdào chēzhàn, hǎo ma?

林 健： 好。我 把 这个 部分 写完 就 去 送 你。
Lín Jiàn: Hǎo. Wǒ bǎ zhèige bùfen xiěwán jiù qù sòng nǐ.

DL 100
CD2-13

語句 1

対話 放 fàng　帮 bāng　过来 guòlai　这些 zhèxiē　可能 kěnéng　资料 zīliào　下雨 xià yǔ

把 bǎ　部分 bùfen　ポイント 墙 qiáng　挂 guà　刮风 guā fēng　进 jìn　出 chū　想 xiǎng

洗 xǐ

1. 存現文

場所＋動詞＋主体(存在する／出現・消失した人・物)

1. 桌子上 有 两 本 汉语 课本。
   Zhuōzishang yǒu liǎng běn Hànyǔ kèběn.

2. 墙上 挂着 一 张 地图。 ☞ "着" は第11課ポイント1を参照。
   Qiángshang guàzhe yì zhāng dìtú.

3. 前面 走过来了 一 个 人。
   Qiánmian zǒuguòlaile yí ge rén.

自然現象　(場所)＋動詞＋主体

4. (外边儿) 下 雨 了。
   (Wàibianr) xià yǔ le.

5. 刮 风 了。
   Guā fēng le.

2. 方向補語　動詞＋方向補語

	上	下	进	出	回	过	起
来	上来 shànglai	下来 xiàlai	进来 jìnlai	出来 chūlai	回来 huílai	过来 guòlai	起来 qǐlai
去	上去 shàngqu	下去 xiàqu	进去 jìnqu	出去 chūqu	回去 huíqu	过去 guòqu	×

1. 她 走过来 了。
   Tā zǒuguòlai le.

2. 老师 走进 教室 来 了。
   Lǎoshī zǒujìn jiàoshì lái le.

3. 她 走过去 了。
   Tā zǒuguòqu le.

4. 老师 走出 教室 去 了。
   Lǎoshī zǒuchū jiàoshì qù le.

3. 可能補語　動詞+"得／不"＋結果補語／方向補語

买到　　(動詞＋結果補語)　→　买得到／买不到
mǎidào　　　　　　　　　　　mǎidedào　mǎibudào

听懂　　(動詞＋結果補語)　→　听得懂／听不懂
tīngdǒng　　　　　　　　　　tīngdedǒng　tīngbudǒng

回来　　(動詞＋方向補語)　→　回得来／回不来
huílai　　　　　　　　　　　huídelái　huíbulái

想起来　(動詞＋方向補語)　→　想得起来／想不起来
xiǎngqǐlai　　　　　　　　　xiǎngdeqǐlái　xiǎngbuqǐlái

4. "把" 構文　"把"＋目的語＋動詞＋α

1. 你 把 衣服 洗一洗。
   Nǐ bǎ yīfu xǐyixi.

2. 你 可以 把 他 送到 车站 吗?
   Nǐ kěyǐ bǎ tā sòngdào chēzhàn ma?

閲読

日頃から中国語学習に熱心な林さんですが、実践はなかなか手強く、初めて会う中国人と緊張の面持ちで対面しますが…

昨天 我 家 来了 一 位 中国 客人。我 想 和
Zuótiān wǒ jiā láile yí wèi Zhōngguó kèren. Wǒ xiǎng hé

他 用 汉语 说 话。我 把 自己 想 说 的 事儿
tā yòng Hànyǔ shuō huà. Wǒ bǎ zìjǐ xiǎng shuō de shìr

都 想好 了。可是，我 听不懂 他 说 的 汉语。我
dōu xiǎnghǎo le. Kěshì, wǒ tīngbudǒng tā shuō de Hànyǔ. Wǒ

没有 信心 了。我 说不出 话 来 了。小王 告诉
méiyǒu xìnxīn le. Wǒ shuōbuchū huà lái le. XiǎoWáng gàosu

我 唱 歌 是 一 个 学好 外语 的 好 方法。我
wǒ chàng gē shì yí ge xuéhǎo wàiyǔ de hǎo fāngfǎ. Wǒ

打算 跟 她 学 中国歌。
dǎsuan gēn tā xué Zhōngguógē.

語句 2

閲読 位 wèi(量詞)：～人　客人 kèren：客　可是 kěshì：でも　信心 xìnxīn：自信
唱歌 chàng gē：歌をうたう　外语 wàiyǔ：外国語　方法 fāngfǎ：方法　跟 gēn(介詞)：～と、～に
練習問題 新 xīn：新たに、新しく　会 huì(助動詞)：うまくやれる、得意である ☞ 第12課ポイント1参照。
消息 xiāoxi：ニュース、知らせ　课本 kèběn：テキスト　下雪 xià xuě：雪が降る

I　（　　　）内から適切な方を選んで文を完成させ、全文を日本語に訳しなさい。

(1) 你（听 / 看），这儿新开了一家商店。

(2) 听说你很（会 / 可以）唱中国歌。

(3) 她（说 / 告诉）我一个好消息。

(4) 我想起（去 / 来）了！

II　日本語の意味になるように、それぞれ①～④の語句を並べ替えなさい。

(1) 先生の話を全部聞いて理解することが出来ますか。

老师说的话你 ＿＿ ＿＿ ＿＿ ＿＿ 吗？

　　① 得　　② 都　　③ 懂　　④ 听

(2) うしろから人がひとり走ってきました。

＿＿ ＿＿ ＿＿ ＿＿。

　　① 跑过来了　　② 从　　③ 一个人　　④ 后边儿

(3) 外は雨が降っています。

＿＿ ＿＿ ＿＿ ＿＿ 呢。

　　① 雨　　② 外边儿　　③ 着　　④ 下

(4) わたしは彼を駅まで送りませんでした。　　我 ＿＿ ＿＿ ＿＿ ＿＿。

　　① 把他　　② 车站　　③ 没有　　④ 送到

III　次の日本語を中国語に訳しなさい。

(1) 机の上にテキストが2冊置いてあります。

(2) あなたは夜9時までに宿題を終えられますか。　　＊9時までに：九点以前 jiǔ diǎn yǐqián

(3) 王先生が歩いて研究室に入っていった。

(4) 雪が降ってきました。

(5) わたしは中国人と中国語で話がしたい。

IV　【リスニング】閲読に基づいた中国語（単語、フレーズ、文）を聞いて解答欄に書き取りなさい。　🎧 DL 105　◉ CD2-18

(1) [　　　　　　　　　]　　(2) [　　　　　　　　　]

(3) [　　　　　　　　　]

(4) [　　　　　　　　　]

(5) [　　　　　　　　　]

65

第 15 课　你 一定 能 背得 很 好！　Nǐ yídìng néng bèide hěn hǎo!

《目標》　1. ひとに何かを「させる」「させない」を表現できる。
　　　　　2. 反語 "不是～吗" で言いたい内容を反対の形で強調して表現できる。

DL 107
CD2-20

対話

バスケットボール観戦が大好きな林さんは、海外の試合のテレビ観戦に夢中になることもしばしば、その結果…

林健: Lín Jiàn:	我 Wǒ	今天 jīntiān	又 yòu	被 bèi	老师 lǎoshī	批评 pīpíng	了。 le.			

小王: XiǎoWáng:	为什么? Wèishénme?	是 Shì	不 bu	是 shì	又 yòu	忘记 wàngjì	做 zuò	作业 zuòyè	了? le?

林健: Lín Jiàn:	这 Zhè	次 cì	不 bú	是。 shì.	我 Wǒ	刚才 gāngcái	上 shàng	课 kè	时 shí	睡觉 shuìjiào	了。 le.

小王: XiǎoWáng:	你 Nǐ	平时 píngshí	不 bú	是 shì	很 hěn	喜欢 xǐhuan	上 shàng	汉语 Hànyǔ	课 kè	吗? ma?

林健: Lín Jiàn:	我 Wǒ	昨天 zuótiān	看 kàn	篮球 lánqiú	比赛, bǐsài,	看到 kàndào	四 sì	点 diǎn	才 cái	睡。 shuì.

小王: XiǎoWáng:	老师 Lǎoshī	批评 pīpíng	你 nǐ	是 shì	为了 wèile	让 ràng	你 nǐ	好好儿 hǎohāor	学习。 xuéxí.

林健: Lín Jiàn:	我 Wǒ	知道。 zhīdao.	明天 Míngtiān	老师 lǎoshī	还 hái	让 ràng	我 wǒ	背 bèi	课文。 kèwén.

小王: XiǎoWáng:	加油! Jiāyóu!	你 Nǐ	一定 yídìng	能 néng	背得 bèide	很 hěn	好! hǎo!

DL 106
CD2-19

語句 1

対話　为什么 wèishénme　忘记 wàngjì　上课 shàng kè　时 shí　篮球 lánqiú　比赛 bǐsài

为了 wèile　让 ràng　好好儿 hǎohāor　知道 zhīdao　背 bèi　课文 kèwén　加油 jiāyóu

一定 yídìng　ポイント 生病 shēng bìng　遍 biàn　再 zài　交 jiāo　孩子 háizi　女朋友 nǚpéngyou

DL 108
CD2-21

1. 状況の確認 "是不是A"

1. 她 今天 是 不 是 生病 了?
   Tā jīntiān shì bu shì shēng bìng le?

2. 你 是 不 是 不 喜欢 我?
   Nǐ shì bu shì bù xǐhuan wǒ?

2. "又" と "再"

1. 我 又 看 了 一 遍。
   Wǒ yòu kàn le yí biàn.

2. 我 想 再 看 一 遍。
   Wǒ xiǎng zài kàn yí biàn.

3. 反語の表現 "不是～吗?" 「～ではないですか＝～ですよね」

1. 我 不 是 去 学校 了 吗?
   Wǒ bú shì qù xuéxiào le ma?

2. 你 的 作业 不 是 已经 交 了 吗?
   Nǐ de zuòyè bú shì yǐjīng jiāo le ma?

4. 使役文 "让"

1. 妈妈 让 孩子 去 买 东西。
   Māma ràng háizi qù mǎi dōngxi.

2. 我 女朋友 不 让 我 抽烟。
   Wǒ nǚpéngyou bú ràng wǒ chōuyān.

閲読

この日の中国語の授業では居眠りをしてしまった林さんですが、日頃の努力をよく知る李先生からある提案が…

今天 下 课 以后， 李 老师 让 我 去 他 的
Jīntiān xià kè yǐhòu, Lǐ lǎoshī ràng wǒ qù tā de

办公室。李 老师 想 推荐 我 去 中国 留学。我 很
bàngōngshì. Lǐ lǎoshī xiǎng tuījiàn wǒ qù Zhōngguó liúxué. Wǒ hěn

想 去，但是 我 觉得 我 的 汉语 水平 还 很 低，
xiǎng qù, dànshì wǒ juéde wǒ de Hànyǔ shuǐpíng hái hěn dī,

我 担心 听不懂。小王 鼓励 我 去 中国 留学，她
wǒ dānxīn tīngbudǒng. XiǎoWáng gǔlì wǒ qù Zhōngguó liúxué, tā

说 这 是 "千载难逢" 的 好 机会。
shuō zhè shì "qiān zǎi nán féng" de hǎo jīhuì.

語句 2

推荐 tuījiàn：推薦する	但是 dànshì：しかし	水平 shuǐpíng：レベル 低 dī：低い
担心 dān xīn：心配する	鼓励 gǔlì：励ます	千载难逢 qiān zǎi nán féng：千載一遇
机会 jīhuì：機会 努力 nǔlì：努力する	翻译 fānyì：通訳	擦 cā：こする、拭く
生气 shēng qì：怒る	送给 sònggěi：贈る	小偷 xiǎotōu：スリ

Ⅰ （　　　）内から適切な方を選んで文を完成させ、全文を日本語に訳しなさい。

(1) 我已经把作业（交了 / 交）。

(2) 老师（让 / 被）我努力学习。

(3) 明天我（又 / 再）去一次。

(4) 你（没有 / 不是）将来想当翻译吗?

Ⅱ 日本語の意味になるように、それぞれ①～④の語句を並べ替えなさい。

(1) テーブルをちょっと拭いて下さい。　　　你 ＿＿＿ ＿＿＿ ＿＿＿ ＿＿＿ 擦吧。

　　① 一　　　　② 桌子　　③ 擦　　　④ 把

(2) 彼女の言葉はわたしを怒らせました。　　　　＿＿＿ ＿＿＿ ＿＿＿ ＿＿＿。

　　① 我　　　　② 她的话　③ 很生气　④ 让

(3) あなたに服を1着プレゼントしたいと思います。　我 ＿＿＿ ＿＿＿ ＿＿＿ ＿＿＿。

　　① 一件衣服　② 想　　　③ 你　　　④ 送给

(4) わたしは今日先生に注意されました。　　　我今天 ＿＿＿ ＿＿＿ ＿＿＿ ＿＿＿。

　　① 老师　　　② 被　　　③ 了　　　④ 批评

Ⅲ 次の日本語を中国語に訳しなさい。

(1) わたしの財布はスリに盗まれました。

(2) 母はわたしに毎朝7時に起きるように言います。

(3) あなたは宿題をし終わりましたか。（"把"構文を使うこと）

(4) わたしは昨日また行きました。

(5) わたしの中国語のレベルはまだとても低い。

Ⅳ 【リスニング】閲読に基づいた中国語（単語、フレーズ、文）を聞いて解答欄に書き取りなさい。　DL 111

CD2-24

(1) [　　　　　　　　　　　]

(2) [　　　　　　　　　　　]

(3) [　　　　　　　　　　　　　]

(4) [　　　　　　　　　　　　　]

(5) [　　　　　　　　　　　　　]

《目標》 1. 禁止を表す命令文で「～するな・～するには及ばない」を表現できる。
　　　　 2. 複文でさまざまな相関関係を表現できる。

DL 113
CD2-26

 対話

中国留学の選抜試験当日、信じられないほど緊張している林さんを、王さんが励まします。

小王：　　怎么　　了?　你　好像　　有点儿　　紧张。
XiǎoWáng: Zěnme　　le?　Nǐ　hǎoxiàng　yǒudiǎnr　jǐnzhāng.

林 健：　因为　　下午　有　留学　　的　面试，所以　我　很　紧张。
Lín Jiàn: Yīnwèi　xiàwǔ　yǒu　liúxué　de　miànshì, suǒyǐ　wǒ　hěn　jǐnzhāng.

小王：　　别　紧张!　你　平时　学得　那么　好，肯定　没　问题!
XiǎoWáng: Bié　jǐnzhāng!　Nǐ　píngshí　xuéde　nàme　hǎo, kěndìng　méi　wèntí!

林 健：　虽然　你　这么　说，但是　我　还是　很　紧张。
Lín Jiàn: Suīrán　nǐ　zhème　shuō, dànshì　wǒ　háishi　hěn　jǐnzhāng.

小王：　　千　里　之　行，始于　足下。　滴水穿石!
XiǎoWáng: Qiān　lǐ　zhī　xíng, shǐyú　zúxià.　Dī shuǐ chuān shí!

林 健：　我　再　练习　吧。你　陪　我　一起　练习，行　吗?
Lín Jiàn: Wǒ　zài　liànxí　ba.　Nǐ　péi　wǒ　yìqǐ　liànxí, xíng　ma?

小王：　　行　是　行，不过，都　十二　点　了，还是　先　去
XiǎoWáng: Xíng　shi　xíng, búguò, dōu　shí'èr　diǎn　le, Háishi　xiān　qù

　　　　　吃　饭　吧。
　　　　　chī　fàn　ba.

林 健：　你　说得　对。吃完　饭，我　还　有　一　个　小时
Lín Jiàn: Nǐ　shuōde　duì.　Chīwán　fàn, wǒ　hái　yǒu　yí　ge　xiǎoshí

　　　　　可以　练习。
　　　　　kěyǐ　liànxí.

DL 112
CD2-25

語句 1

对話 好像 hǎoxiàng　　紧张 jǐnzhāng　　因为 yīnwèi　　面试 miànshì　　所以 suǒyǐ　　别 bié
肯定 kěndìng　　没问题 méi wèntí　　虽然 suīrán　　还是 háishi　　千里之行，始于足下
qiān lǐ zhī xíng, shǐyú zúxià　　滴水穿石 dī shuǐ chuān shí　　练习 liànxí　　行 xíng　　都 dōu
先 xiān　ポイント 时间 shíjiān　跑步 pǎobù　不但 búdàn　而且 érqiě　英语 Yīngyǔ　如果～(的话)
rúguǒ~(dehuà)　哭 kū　开玩笑 kāi wánxiào　事情 shìqing　商量 shāngliang

1. 複文　最重要の4タイプ

因为～所以…　　（因果）1. 因为 没有 时间，所以 我 不 能 去 玩儿。
　　　　　　　　　　　　Yīnwèi méiyǒu shíjiān,　suǒyǐ wǒ bù néng qù wánr.

虽然～但是…　　（逆接）2. 他 虽然 工作 很 忙，但是 每天　晚上 都 去 跑步。
　　　　　　　　　　　　Tā suīrán gōngzuò hěn máng, dànshì měitiān wǎnshang dōu qù pǎobù.

不但～而且…　　（累加）3. 他 不但 会 说 汉语，而且 还 会 说 英语。
　　　　　　　　　　　　Tā búdàn huì shuō Hànyǔ,　érqiě hái huì shuō Yīngyǔ.

如果～（的话）…　（仮定）4. 如果 你 今天 不 去（的话），那 什么 时候 去 呢?
　　　　　　　　　　　　Rúguǒ nǐ jīntiān bú qù（dehuà),　nà shénme shíhou qù ne?

2. A 是 A

1. 好 是 好，不过 价钱 有点儿 贵。
　　Hǎo shi hǎo, búguò jiàqian yǒudiǎnr guì.

2. 想 去 是 想 去，不过 我 没有 时间。
　　Xiǎng qù shi xiǎng qù, búguò wǒ méiyǒu shíjiān.

3. 禁止の表現

"别"　　1. 明天 你 别 去。　　2. 别 哭 了。　　3. 别 开 玩笑 了。
bié　　　Míngtiān nǐ bié qù.　　Bié kū le.　　Bié kāi wánxiào le.

"不 能"　4. 你 不 能 去。　　5. 你 不 能 抽烟。
bù néng　Nǐ bù néng qù.　　Nǐ bù néng chōuyān.

"不要"　6. 上 课 的 时候，不要 说话。
búyào　　Shàng kè de shíhou, búyào shuōhuà.

4. "有" の兼語文　後置される修飾語

1. 暑假 有 很 多 人 都 去 旅游。
　　Shǔjià yǒu hěn duō rén dōu qù lǚyóu.

2. 我 有 一 件 事情 想 和 你 商量。
　　Wǒ yǒu yí jiàn shìqing xiǎng hé nǐ shāngliang.

閲読

林さんの中国語学習の道は、さらに遠くさらに深く、まだまだ続いていきます。

我	已经	学了	一	年	汉语	了。现在，	我	不但
Wǒ	yǐjīng	xuéle	yì	nián	Hànyǔ	le. Xiànzài,	wǒ	búdàn

会	说	简单	的	汉语，	了解了	一些	中国	的	文化，
huì	shuō	jiǎndān	de	Hànyǔ,	liǎojiěle	yìxiē	Zhōngguó	de	wénhuà,

而且	还	交了	很	多	中国	朋友。中国	和	日本	有
érqiě	hái	jiāole	hěn	duō	Zhōngguó	péngyou. Zhōngguó	hé	Rìběn	yǒu

很	多	相同	的	地方，但是	也	有	很	多	地方	不
hěn	duō	xiāngtóng	de	dìfang, dànshì	yě	yǒu	hěn	duō	dìfang	bù

一样。明年	我	打算	去	中国	留学。我	希望	在
yíyàng. Míngnián	wǒ	dǎsuan	qù	Zhōngguó	liúxué. Wǒ	xīwàng	zài

中国	能	学到	更	多	的	知识。
Zhōngguó	néng	xuédào	gèng	duō	de	zhīshi.

語句 2

閲読 简单 jiǎndān：簡単である　　了解 liǎojiě：理解する、知る　　一些 yìxiē（量詞）：いくつかの、いくらかの

文化 wénhuà：文化　　交朋友 jiāo péngyou：友達になる　　相同 xiāngtóng：同じである

地方 dìfang：場所、ところ　　不一样 bù yíyàng：同じでない、違う　　希望 xīwàng：望む

更 gèng：さらに　　知识 zhīshi：知識　　練習問題 危险 wēixiǎn：危険である　　住 zhù：住む

年轻 niánqīng：若い　　有能力 yǒu nénglì：能力がある

Ⅰ　日本語の意味になるように、空欄に語句を埋めなさい。

(1) 太危险了，你（　　　　　）一个人去。　　　（危険過ぎます。あなた一人で行ってはいけません。）

(2) 我希望（　　　　　）中国能吃到很多好吃的东西。

　　　　　　　　　　　（わたしは中国でたくさん美味しいものを食べられたらいいなと思う。）

(3) 我学（　　　　　）五年英语。　　　　　　（わたしは 5 年英語を勉強しました。）

(4) 我（　　　　　）英语写信。　　　　　　　（わたしは英語で手紙を書く）

Ⅱ　日本語の意味になるように、それぞれ①〜④の語句を並べ替えなさい。

(1) わたしは上海に 3 年住んでいます。　　　　　我 ＿＿ ＿＿ ＿＿ ＿＿。

　　① 三年　　　② 了　　　③ 住了　　④ 在上海

(2) あなたたち、おしゃべりをやめなさい。　　　＿＿ ＿＿ ＿＿ ＿＿。

　　① 你们　　　② 了　　　③ 说话　　④ 别

(3) これからあなたはわたしと日本語で喋ってはいけません。

　　　　　　　　　　　　　　　以后你 ＿＿ ＿＿ ＿＿ ＿＿。

　　① 说话　　　② 跟我　　③ 不要　　④ 用日语

(4) わたしはあなたにお知らせしたいことがひとつあります。

　　　　　　　　　　　　　　　　　我 ＿＿ ＿＿ ＿＿ ＿＿。

　　① 一件事情　② 告诉你　③ 要　　④ 有

Ⅲ　次の日本語を中国語に訳しなさい。

(1) わたしには中国語を話すことのできるアメリカ人の友人が 1 人います。

(2) 少し気分が悪いので、きょうは授業に出ることが出来ません。

(3) 彼はまだとても若いけれども、とても有能です。

(4) 彼女は中国語を話せるだけでなく、英語を話すことも出来ます。

(5) 日本と中国には異なるところがたくさんあります。

Ⅳ　【リスニング】閲読に基づいた中国語（単語、フレーズ、文）を聞いて解答欄に書き取りなさい。　DL 117

　　　　　　　　　　　　　　　　　　　　　　　　　　　　　　　　　　　　CD2-30

(1) [　　　　　　　　　　]　(2) [　　　　　　　　　　]

(3) [　　　　　　　　　　　　　]

(4) [　　　　　　　　　　　　　]

(5) [　　　　　　　　　　　　　]

索 引

懂	dǒng	11 課語句 1	
都	dōu	4 課語句 1, 16 課語句 1	
兜风	dōufēng	12 課語句 1	
对	duì	4 課語句 1	
对（介詞）	duì	10 課語句 2	
对不起	duìbuqǐ	2 課	
对面	duìmiàn	9 課ポイント	
多	duō	13 課語句 2	
～多了	~duōle	10 課語句 1	
多大	duōdà	6 課語句 1	
多少	duōshao	12 課語句 2	
多少钱	duōshao qián	3 課	

E

饿	è	1 課	
而且	érqiě	16 課語句 1	

F

发烧	fā shāo	10 課語句 2	
法国人	Fǎguórén	4 課語句 2	
翻译	fānyì	15 課語句 2	
饭	fàn	3 課, 5 課語句 1	
方便	fāngbiàn	9 課語句 2	
方法	fāngfǎ	3 課, 14 課語句 2	
放	fàng	11 課語句 1, 14 課語句 1	
非常	fēicháng	13 課語句 1	
飞机	fēijī	11 課語句 1	
分（時間）	fēn	8 課語句 1	
分（通貨）	fēn	9 課語句 1	
分钟	fēnzhōng	8 課語句 1	
封	fēng	13 課語句 2	
附近	fùjìn	8 課語句 1	
富士山	Fùshìshān	3 課	

G

感冒	gǎnmào	10 課語句 2	
干	gàn	11 課語句 1	
刚才	gāngcái	10 課語句 1	
高	gāo	7 課語句 1	
高兴	gāoxìng	3 課	
高烧	gāoshāo	10 課語句 2	
高中	gāozhōng	12 課語句 1	
告诉	gàosu	13 課語句 1	
歌儿	gēr	3 課	
哥哥	gēge	3 課, 8 課語句 1	
个子	gèzi	10 課語句 1	
个	ge	3 課, 6 課語句 1	
给	gěi	12 課語句 2	
跟	gēn	14 課語句 2	
更	gèng	16 課語句 2	
公里	gōnglǐ	12 課語句 1	
工作	gōngzuò	10 課語句 2	

狗	gǒu	3 課	
鼓励	gǔlì	15 課語句 2	
故宫	Gùgōng	11 課語句 2	
刮风	guā fēng	14 課語句 1	
挂	guà	14 課語句 1	
贵	guì	7 課語句 1	
贵姓	guìxìng	3 課, 5 課語句 1	
过	guò	6 課語句 2	
～过	~guo	9 課語句 1	
过来	guòlai	14 課語句 1	
过去	guòqu	14 課ポイント	

H

还	hái	3 課, 9 課語句 1, 11 課語句 2	
还可以	hái kéyǐ	9 課語句 2	
还是	háishi	5 課語句 1, 16 課語句 1	
孩子	háizi	15 課語句 1	
韩国	Hánguó	11 課語句 2	
韩国人	Hánguórén	4 課語句 1	
寒假	hánjià	11 課語句 1	
汉堡包	hànbǎobāo	2 課	
汉语	Hànyǔ	2 課, 5 課語句 2	
好	hǎo	7 課語句 1	
～好（結果補語）	~hǎo	11 課語句 1	
好吃	hǎochī	2 課, 7 課語句 1	
好好儿	hǎohāor	15 課語句 1	
好喝	hǎohē	7 課語句 2	
好听	hǎotīng	13 課語句 2	
好像	hǎoxiàng	16 課語句 1	
号	hào	6 課語句 1	
喝	hē	1 課, 5 課語句 1	
和（接続詞）	hé	8 課語句 2	
和（介詞）	hé	12 課語句 2	
盒饭	héfàn	9 課語句 2	
很	hěn	7 課語句 1	
红（的）	hóng(de)	7 課語句 2	
红茶	hóngchá	5 課語句 1	
后边儿	hòubianr	9 課ポイント	
后面	hòumiàn	9 課ポイント	
后年	hòunián	6 課ポイント	
后天	hòutiān	6 課ポイント	
花	huā	13 課語句 1	
花儿	huār	3 課	
话	huà	11 課語句 2	
回家	huí jiā	8 課語句 1	
回来	huílai	14 課ポイント	
回去	huíqu	14 課ポイント	
会	huì	12 課語句 1, 14 課語句 2	
会话	huìhuà	2 課	
火车	huǒchē	11 課語句 2	

J

机会	jīhuì	15 課語句 2
几	jǐ	6 課語句 1
几个	jǐ ge	3 課
技术	jìshù	12 課語句 1
家	jiā	6 課語句 2
家(量詞)	jiā	8 課語句 1
加油	jiā yóu	15 課語句 1
价钱	jiàqian	7 課語句 1
驾(驶执)照	jià(shǐ zhí)zhào	12 課語句 1
简单	jiǎndān	16 課語句 2
件	jiàn	3 課，8 課ポイント
将来	jiānglái	12 課語句 2
教	jiāo	13 課語句 1
交	jiāo	15 課語句 1
交朋友	jiāo péngyou	16 課語句 2
角	jiǎo	9 課語句 1
饺子	jiǎozi	5 課語句 2
叫	jiào	3 課，5 課語句 1
教室	jiàoshì	3 課，9 課語句 2
接	jiē	12 課語句 1
姐姐	jiějie	3 課，8 課語句 2
今年	jīnnián	6 課語句 1
今天	jīntiān	6 課ポイント
紧张	jǐnzhāng	16 課語句 1
进	jìn	14 課語句 1
进来	jìnlai	14 課ポイント
进去	jìnqu	14 課ポイント
经常	jīngcháng	7 課語句 2
就	jiù	10 課語句 1
旧书	jiùshū	12 課語句 2
觉得	juéde	10 課語句 2

K

咖啡	kāfēi	2 課，3 課，5 課語句 1
开	kāi	11 課語句 1
开车	kāi chē	12 課語句 1
开始	kāishǐ	13 課語句 1
开水	kāishuǐ	2 課
开玩笑	kāi wánxiào	16 課語句 1
开药	kāi yào	10 課語句 2
看	kàn	5 課語句 2
烤	kǎo	12 課語句 2
可能	kěnéng	14 課語句 1
可是	kěshì	14 課語句 2
可以	kěyǐ	12 課語句 1
刻	kè	8 課語句 1
客人	kèren	14 課語句 2
课本	kèběn	14 課語句 2
课文	kèwén	15 課語句 1
肯德基	Kěndéjī	3 課
肯定	kěndìng	16 課語句 1

空儿	kòngr	3 課
口	kǒu	8 課語句 2
哭	kū	16 課語句 1
快	kuài	13 課語句 2
块	kuài	3 課
块(钱)	kuài(qián)	9 課語句 1
快(要)～了	kuàiyào ~ le	11 課語句 1
矿泉水	kuàngquánshuǐ	2 課
困难	kùnnan	2 課

L

来	lái	1 課，5 課語句 2
篮球	lánqiú	15 課語句 1
老家	lǎojiā	11 課語句 2
姥姥	lǎolao	3 課
老师	lǎoshī	3 課，4 課語句 1
老爷	lǎoye	3 課
了	le	1 課，6 課語句 1，10 課語句 1
累	lèi	10 課語句 2
冷	lěng	7 課語句 2
离	lí	9 課語句 1
里边儿	lǐbianr	9 課ポイント
里面	lǐmiàn	9 課ポイント
礼物	lǐwù	3 課，13 課語句 1
厉害	lìhai	12 課語句 1
练习	liànxí	16 課語句 1
两	liǎng	8 課語句 1
了解	liǎojiě	16 課語句 2
零	líng	8 課語句 1
留学	liú xué	11 課語句 1
路	lù	3 課，8 課語句 1
路线	lùxiàn	11 課語句 1
旅游	lǚyóu	3 課，11 課語句 1

M

妈	mā	1 課
妈妈	māma	3 課，8 課語句 2
马上	mǎshàng	10 課語句 2
吗	ma	1 課，4 課語句 1
买	mǎi	7 課語句 1
卖	mài	12 課語句 2
麦当劳	Màidāngláo	3 課
漫画	mànhuà	3 課，8 課語句 1
忙	máng	10 課語句 1
猫儿	māor	3 課
毛(钱)	máo(qián)	9 課語句 1
没	méi	8 課語句 1
没关系	méiguānxi	2 課
梅花	méihuā	3 課
没问题	méi wèntí	16 課語句 1
没(有)	méi(you)	9 課語句 1
没有	méiyǒu	7 課語句 1
美国人	Měiguórén	4 課語句 1

美剧	Měijù	8 課語句 2
每天	měitiān	8 課語句 1
妹妹	mèimei	3 課
门	mén	11 課語句 1
米	mǐ	12 課語句 2
秘密	mìmì	13 課語句 1
面包	miànbāo	2 課，3 課，5 課語句 2
面包店	miànbāodiàn	12 課語句 2
面馆儿	miànguǎnr	9 課語句 1
面试	miànshì	16 課語句 1
明年	míngnián	6 課ポイント
明天	míngtiān	6 課ポイント
名字	míngzi	5 課語句 1

N

拿	ná	12 課語句 1
哪	nǎ	7 課ポイント
哪个	nǎge/něige	7 課ポイント
哪里	nǎli	7 課ポイント
哪儿	nǎr	5 課語句 1
哪些	nǎxiē/něixiē	7 課ポイント
那	nà	4 課語句 2
那个	nàge/nèige	7 課ポイント
那里	nàli	7 課ポイント
那么	nàme	7 課語句 1
那儿	nàr	7 課ポイント
那些	nàxiē/nèixiē	7 課ポイント
奶奶	nǎinai	3 課
南边儿	nánbianr	9 課ポイント
南面	nánmiàn	9 課ポイント
呢	ne	6 課語句 1
能	néng	12 課語句 1
能力	nénglì	16 課語句 2
你	nǐ	1 課，4 課語句 1
你们	nǐmen	4 課語句 1
年	nián	8 課語句 1
年轻	niánqīng	16 課語句 2
鸟	niǎo	13 課語句 1
您	nín	3 課，4 課語句 1
牛奶	niúnǎi	2 課，3 課
努力	nǔlì	15 課語句 2
女朋友	nǚpéngyou	15 課語句 1

P

怕	pà	1 課
旁边儿	pángbiānr	9 課ポイント
跑	pǎo	2 課，13 課語句 2
跑步	pǎobù	16 課語句 1
陪	péi	11 課語句 2
朋友	péngyou	2 課，5 課語句 2
批评	pīpíng	13 課語句 1
便宜	piányi	7 課語句 2
片儿	piànr	10 課語句 2

票	piào	3 課，8 課語句 1
漂亮	piàoliang	11 課語句 1
乒乓球	pīngpāngqiú	3 課
瓶	píng	9 課語句 2
苹果	píngguǒ	3 課，7 課語句 2
平时	píngshí	8 課語句 2

Q

起床	qǐ chuáng	12 課語句 1
起来	qǐlai	14 課ポイント
汽车	qìchē	8 課語句 2
千里之行，始于足下	qiān lǐ zhī xíng, shǐyú zúxià	16 課語句 1
千载难逢	qiān zǎi nán féng	15 課語句 2
前	qián	13 課語句 1
钱包	qiánbāo	11 課語句 2
前边儿	qiánbianr	9 課語句 1
前面	qiánmiàn	9 課ポイント
前年	qiánnián	6 課ポイント
前天	qiántiān	6 課ポイント
墙	qiáng	14 課語句 1
青椒肉丝	qīngjiāo ròusī	2 課
请	qǐng	2 課
请问	qǐngwèn	5 課語句 1
去	qù	2 課，5 課語句 1
去年	qùnián	6 課ポイント
全家	Quánjiā	3 課

R

让	ràng	15 課語句 1
热	rè	7 課語句 1
人	rén	3 課，8 課語句 1
认真	rènzhēn	13 課語句 2
日本	Rìběn	2 課，3 課
日本人	Rìběnrén	4 課語句 1
日语	Rìyǔ	2 課，5 課語句 2
日元	Rìyuán	7 課語句 2
柔道	róudào	3 課
如果～（的话）	rúguǒ~(dehuà)	16 課語句 1

S

伞	sǎn	3 課
商店	shāngdiàn	11 課語句 2
商量	shāngliang	16 課語句 1
上	shang	9 課語句 1
上边儿	shàngbianr	9 課ポイント
上海	Shànghǎi	11 課語句 2
上课	shàng kè	15 課語句 1
上来	shànglai	14 課ポイント
上面	shàngmiàn	9 課ポイント
上去	shàngqu	14 課ポイント
上午	shàngwǔ	6 課ポイント
上（个）星期	shàng (ge) xīngqī	6 課ポイント
上个月	shàng ge yuè	6 課ポイント

谁	shéi	5 課語句 1
身体	shēntǐ	10 課語句 1
什么	shénme	2 課, 5 課語句 1
什么时候	shénme shíhou	12 課語句 1
生病	shēng bìng	15 課語句 1
生气	shēng qì	15 課語句 2
生日	shēngrì	6 課語句 1
时	shí	15 課語句 1
时候	shíhou	12 課語句 1
时间	shíjiān	13 課語句 2
食堂	shítáng	9 課語句 2
事情	shìqing	16 課語句 1
是	shì	4 課語句 1
事儿	shìr	3 課, 8 課
手机	shǒujī	5 課語句 2
书	shū	3 課, 5 課語句 1
书包	shūbāo	8 課語句 1
书店	shūdiàn	8 課語句 1
舒服	shūfu	10 課語句 1
暑假	shǔjià	11 課語句 2
水	shuǐ	3 課
水饺	shuǐjiǎo	10 課語句 1
水平	shuǐpíng	15 課語句 2
睡	shuì	8 課語句 1
睡觉	shuì jiào	8 課語句 2
顺利	shùnlì	2 課
说	shuō	11 課語句 2
送	sòng	13 課語句 1
送给	sònggěi	15 課語句 2
宿舍	sùshè	8 課語句 2
虽然	suīrán	16 課語句 1
岁	suì	6 課語句 1
岁数	suìshu	6 課語句 1
所以	suǒyǐ	16 課語句 1

T

他	tā	1 課, 4 課語句 1
她	tā	4 課語句 1
它	tā	4 課語句 1
他们	tāmen	4 課語句 1
她们	tāmen	4 課語句 1
它们	tāmen	4 課語句 1
台	tái	8 課語句 2
汤	tāng	3 課
天	tiān	8 課語句 1
天气	tiānqì	10 課語句 1
条	tiáo	3 課, 8 課ポイント
听	tīng	7 課語句 1
听说	tīng shuō	8 課語句 1
同学	tóngxué	3 課, 4 課語句 2
偷	tōu	13 課語句 1
头疼	tóuténg	10 課語句 2
推荐	tuījiàn	15 課語句 2

W

外边儿	wàibianr	9 課ポイント
外面	wàimiàn	9 課ポイント
外语	wàiyǔ	14 課語句 2
完	wán	11 課語句 1
玩儿	wánr	3 課, 11 課語句 1
晚	wǎn	2 課
晚饭	wǎnfàn	8 課語句 2
晚上	wǎnshang	8 課語句 1
碗	wǎn	3 課
网球	wǎngqiú	7 課語句 2
忘记	wàngjì	15 課語句 1
危险	wēixiǎn	16 課語句 2
微信	wēixìn	3 課
位	wèi	14 課語句 2
味道	wèidao	9 課語句 2
为了	wèile	15 課語句 1
味儿	wèir	3 課
为什么	wèishénme	15 課語句 1
文化	wénhuà	16 課語句 2
问	wèn	13 課語句 2
问题	wèntí	13 課語句 2
我	wǒ	1 課, 4 課語句 1
我们	wǒmen	4 課語句 1
午饭	wǔfàn	9 課語句 1
乌龙茶	wūlóngchá	2 課

X

西边儿	xībianr	9 課ポイント
西面	xīmiàn	9 課ポイント
希望	xīwàng	16 課語句 2
洗	xǐ	14 課語句 1
喜欢	xǐhuan	11 課語句 1
下	xià	6 課語句 1
下边儿	xiàbianr	3 課, 9 課ポイント
下个月	xià ge yuè	6 課ポイント
下课	xià kè	12 課語句 2
下来	xiàlai	14 課ポイント
下面	xiàmiàn	9 課ポイント
下去	xiàqu	14 課ポイント
下午	xiàwǔ	6 課ポイント
下(个)星期	xià (ge) xīngqī	6 課ポイント
下雪	xià xuě	14 課語句 2
下雨	xià yǔ	14 課語句 1
先	xiān	16 課語句 1
先生	xiānsheng	7 課語句 1
现在	xiànzài	12 課語句 1
香蕉	xiāngjiāo	7 課語句 2
相同	xiāngtóng	16 課語句 2
想	xiǎng	10 課語句 1, 11 課語句 1, 14 課語句 1
消息	xiāoxi	14 課語句 2

小	xiǎo	7 課語句 2	因为	yīnwèi	16 課語句 1
小孩儿	xiǎoháir	3 課	音乐	yīnyuè	7 課語句 2
小时	xiǎoshí	8 課語句 1	饮料	yǐnliào	9 課語句 2
小偷	xiǎotōu	15 課語句 2	英国	Yīngguó	9 課語句 2
写	xiě	13 課語句 1	英国人	Yīngguórén	4 課語句 2
谢谢	xièxie	2 課	英语	Yīngyǔ	2 課, 16 課語句 1
新	xīn	14 課語句 2	樱花	yīnghuā	3 課
信	xìn	13 課語句 1	用	yòng	13 課語句 1
信心	xìnxīn	14 課語句 2	邮局	yóujú	2 課, 9 課語句 1
星巴克	Xīngbākè	3 課	游	yóu	12 課語句 1
星期	xīngqī	6 課語句 1	游泳	yóu yǒng	12 課語句 1
星期二	xīngqī'èr	6 課ポイント	有	yǒu	8 課語句 1
星期几	xīngqījǐ	6 課ポイント	有点儿	yǒudiǎnr	10 課語句 1
星期六	xīngqīliù	6 課ポイント	又	yòu	13 課語句 2
星期日	xīngqīrì	6 課ポイント	右边儿	yòubianr	9 課ポイント
星期三	xīngqīsān	6 課ポイント	右面	yòumiàn	9 課ポイント
星期四	xīngqīsì	6 課ポイント	鱼	yú	3 課
星期天	xīngqītiān	6 課ポイント	语法	yǔfǎ	3 課, 13 課語句 2
星期五	xīngqīwǔ	6 課ポイント	元	yuán	9 課語句 1
星期一	xīngqīyī	6 課ポイント	远	yuǎn	9 課語句 1
行	xíng	16 課語句 1	月	yuè	6 課語句 1
姓	xìng	3 課, 5 課語句 1	云南	Yúnnán	11 課語句 2
兄弟姐妹	xiōngdì jiěmèi	8 課語句 1			
熊猫	xióngmāo	3 課		**Z**	
修改	xiūgǎi	13 課語句 2	在	zài	8 課語句 1
学	xué	2 課, 8 課語句 2	在(介詞)	zài	9 課語句 1
学费	xuéfèi	12 課語句 2	在(副詞)	zài	11 課語句 1
学生	xuésheng	3 課, 4 課語句 1	再	zài	15 課語句 1
学习	xuéxí	5 課語句 2	咱们	zánmen	4 課語句 1
学校	xuéxiào	2 課, 5 課語句 1	早餐	zǎocān	13 課語句 1
	Y		早上	zǎoshang	3 課, 8 課語句 2
烟	yān	3 課	怎么	zěnme	10 課語句 1, 12 課語句 1
严	yán	13 課語句 1	怎么样	zěnmeyàng	7 課語句 1
要(助動詞)	yào	10 課語句 1	站	zhàn	11 課語句 2
要	yào	1 課, 3 課, 9 課語句 1	张	zhāng	3 課, 8 課ポイント
药	yào	10 課語句 1	找	zhǎo	11 課語句 1
爷爷	yéye	3 課, 6 課語句 2	照相	zhào xiàng	12 課語句 2
也	yě	4 課語句 1	这	zhè	4 課語句 2
衣服	yīfu	3 課, 9 課語句 1	这个	zhège/zhèige	7 課ポイント
医院	yīyuàn	10 課語句 2	这个月	zhèige yuè	6 課ポイント
一定	yídìng	15 課語句 1	这个星期	zhèige xīngqī	6 課ポイント
一共	yígòng	3 課	这里	zhèli	7 課ポイント
一会儿	yíhuìr	3 課, 9 課語句 1	这么	zhème	7 課語句 1
一下	yíxià	13 課語句 1	这儿	zhèr	7 課ポイント
以后	yǐhòu	10 課語句 2	这些	zhèxiē/zhèixiē	7 課ポイント, 14 課語句 1
已经	yǐjīng	10 課語句 2			
椅子	yǐzi	3 課, 9 課語句 1	着	zhe	11 課語句 1
一般	yìbān	3 課	真	zhēn	2 課, 12 課語句 1
一点儿	yìdiǎnr	3 課, 7 課語句 1	挣	zhèng	12 課語句 2
一～就…	yī~jiù…	11 課語句 1	正在	zhèngzài	11 課語句 2
一起	yìqǐ	3 課, 6 課語句 2	枝	zhī	3 課
一些	yìxiē	16 課語句 2	只	zhī	3 課
一直	yìzhí	3 課	知道	zhīdao	15 課語句 1

支付	zhīfù	3 課
知识	zhīshi	16 課語句 2
只	zhǐ	9 課語句 1
中国	Zhōngguó	2 課，9 課語句 1
中国人	Zhōngguórén	4 課語句 2
中文	Zhōngwén	8 課語句 1
中午	zhōngwǔ	6 課ポイント
种	zhǒng	10 課語句 2
住	zhù	16 課語句 2
准备	zhǔnbèi	11 課語句 2
桌子	zhuōzi	3 課，9 課語句 2
资料	zīliào	14 課語句 1
子孙	zǐsūn	2 課
字	zì	13 課語句 2
自己	zìjǐ	12 課語句 2
自行车	zìxíngchē	13 課語句 2
走	zǒu	9 課語句 1
足球	zúqiú	2 課
昨天	zuótiān	6 課ポイント
左边儿	zuǒbianr	9 課ポイント
左面	zuǒmiàn	9 課ポイント
坐	zuò	11 課語句 1
做	zuò	9 課語句 2
做菜	zuò cài	13 課語句 2
做饭	zuò fàn	11 課語句 1
作业	zuòyè	9 課語句 2

第 **4** 课　発展練習問題

学籍番号		氏　　名	

I　音声を聞いて (1) ～ (5) の日本語を中国語で言い表す場合、最も適当なものを、a ～ d の中から 1 つ選びなさい。　🅲 CheckLink　⬇ DL 118　◎ CD2-31

(1) 先生　　　　　a.　　　　b.　　　　c.　　　　d.

(2) 大学生　　　　a.　　　　b.　　　　c.　　　　d.

(3) 日本人　　　　a.　　　　b.　　　　c.　　　　d.

(4) 彼ら　　　　　a.　　　　b.　　　　c.　　　　d.

(5) アメリカ人　　a.　　　　b.　　　　c.　　　　d.

II　(1) ～ (5) の日本語の意味になるように空欄を埋めるとき、最も適当なものを、a ～ d の中から 1 つ選びなさい。　🅲 CheckLink

(1) 彼女たちは韓国人ですか。

　　　她们是韩国人（　　　）？　　　　　　a. 是　　b. 对　　c. 吗　　d. 也

(2) 王麗麗さんは学生ではありません。

　　　王丽丽（　　　）是学生。　　　　　　a. 不　　b. 也　　c. 吗　　d. 都

(3) 林健さんも先生です。

　　　林健（　　　）是老师。　　　　　　　a. 都　　b. 对　　c. 也　　d. 要

(4) わたしたちはみな日本人です。

　　　我们（　　　）是日本人。　　　　　　a. 也　　b. 都　　c. 要　　d. 这

(5) 彼らはどちらも中国人ではありません。

　　　他们（　　　）不是中国人。　　　　　a. 真　　b. 也　　c. 对　　d. 都

81

III 次の日本語を中国語に訳しなさい。

(1) 彼らもみなフランス人です。

_____

(2) これも辞書ではありません。

_____

(3) 彼らもみな大学生ですか。

_____

(4) 王さんは中国人で、林健さんは日本人です。

_____

(5) 彼は学生で、わたしは先生です。

_____

🎧 DL 119

💿 CD2-32

IV 中国語の文を解答欄に書き取り、次の質問にそれぞれ中国語で答えなさい。解答欄の数字は、中国語の文字数です。

〔4字　　　　　　　〕。〔5字　　　　　　　　　　〕。〔5字　　　　　　　　〕。

〔5字　　　　　　　　〕。〔7字　　　　　　　　　　　〕，

〔5字　　　　　　　〕。

🎧 DL 120

💿 CD2-33

(1) 林健是日本人吗?　　答：_____

(2) 王丽丽是韩国人吗?　答：_____

(3) 他们是大学生吗?　　答：_____

第 **5** 课　発展練習問題

学籍番号		氏　名	

I　音声を聞いて (1)〜(5) の日本語を中国語で言い表す場合、最も適当なものを、a〜d の中から 1 つ選びなさい。　　　🔄 CheckLink

🎧 DL 121
💿 CD2-34

(1) どこ　　　　　　　a.　　　　　b.　　　　　c.　　　　　d.

(2) 誰　　　　　　　　a.　　　　　b.　　　　　c.　　　　　d.

(3) 勉強する　　　　　a.　　　　　b.　　　　　c.　　　　　d.

(4) パン　　　　　　　a.　　　　　b.　　　　　c.　　　　　d.

(5) 中国語　　　　　　a.　　　　　b.　　　　　c.　　　　　d.

II　(1)〜(5) の日本語の意味になるように空欄を埋めるとき、最も適当なものを、a〜d の中から 1 つ選びなさい。　　　🔄 CheckLink

《生词》富士山 Fùshìshān：富士山

(1) あなたはアメリカ人ですか、それとも中国人ですか。

　　你是美国人，（　　）中国人?　　　a. 是　　　b. 不是　　　c. 也是　　　d. 还是

(2) あなたのお名前は何ですか。

　　你叫（　　）名字?　　　a. 什么　　　b. 哪儿　　　c. 还是　　　d. 谁

(3) わたしは富士山に行かない。

　　我不（　　）富士山。　　　a. 是　　　b. 去　　　c. 喝　　　d. 来

(4) これはあなたのパンですか。

　　这是你（　　）面包吗?　　　a. 的　　　b. 也　　　c. 都　　　d. 叫

(5) あなたはなんのパンを食べますか。

　　你吃（　　）面包?　　　a. 谁　　　b. 吃　　　c. 什么　　　d. 是

キリトリ ✂

III 次の日本語を中国語に訳しなさい。

(1) わたしはコーヒーを飲んで、彼は紅茶を飲みます。

_____

(2) 彼らはみなテレビを見ません。

_____

(3) あなたの友だちも中国語を勉強していますか。

_____

(4) わたしのクラスメートもみな英語を勉強しています。

_____

(5) あなたは李先生の研究室に行きますか、それとも林先生の研究室に行きますか。

_____

DL 122
CD2-35

IV 中国語の文を解答欄に書き取り、次の質問にそれぞれ中国語で答えなさい。解答欄の数字は、中国語の文字数です。

〔3字　　　　　　　〕!〔3字　　　　　　　〕,〔4字　　　　　　　〕。

〔5字　　　　　　　〕。〔5字　　　　　　　〕。〔4字　　　　　　　〕。

DL 123
CD2-36

〔7字　　　　　　　〕。〔5字　　　　　　　〕。

(1) 王丽丽是大学生吗?　　　答：_____

(2) 王丽丽学习什么?　　　答：_____

(3) 林健是王丽丽的老师吗?　答：_____

(4) 林健学习什么?　　　　答：_____

84

第6課　発展練習問題

学籍番号		氏　名	

ClickLink

I 音声を聞いて (1)〜(5) の日本語を中国語で言い表す場合、最も適当なものを、a〜d の中から 1 つ選びなさい。

DL 124　CD2-37

(1) 今年　　　　　　　a.　　　　b.　　　　c.　　　　d.

(2) 十一月　　　　　　a.　　　　b.　　　　c.　　　　d.

(3) 明後日　　　　　　a.　　　　b.　　　　c.　　　　d.

(4) 日曜日　　　　　　a.　　　　b.　　　　c.　　　　d.

(5) 19 歳　　　　　　a.　　　　b.　　　　c.　　　　d.

II (1)〜(5) の日本語の意味になるように空欄を埋めるとき、最も適当なものを、a〜d の中から 1 つ選びなさい。

(1) あなたの誕生日は何月何日ですか。＊同じものが入ります。

你的生日是（　　）月（　　）号?　　a. 几　　b. 多少　　c. 岁　　d. 什么

(2) あなたは今年いくつですか。

你今年（　　）了?　　　　　　a. 哪儿　　b. 几　　c. 什么　　d. 多大

(3) 今日は木曜日です。

今天（　　）。　　　　　　　a. 星期二　b. 星期四　c. 星期五　d. 星期六

(4) 明後日彼女がうちに来ます。

（　　）她来我家。　　　　　a. 前天　　b. 明天　　c. 后天　　d. 昨天

(5) わたしたちは一緒に誕生日のお祝いをします。

我们一起（　　）生日。　　　a. 去　　b. 过　　c. 来　　d. 吃

III　次の日本語を中国語に訳しなさい。

(1) わたしの誕生日は 3 月 3 日です。

_____

(2) わたしの父は今年 58 歳です。

_____

(3) あなたは来週わたしたちの学校に来ますか。

_____

(4) 今日は土曜日ではなくて、日曜日です。

_____

(5) 明日彼女がわたしの家に来て、わたしたちは一緒に誕生日を過ごします。

_____

DL 125
CD2-38

DL 126
CD2-39

IV　中国語の文を解答欄に書き取り、次の質問にそれぞれ中国語で答えなさい。解答欄の数字は、中国語の文字数です。

〔3字　　　　　　　　〕！〔4字　　　　　　　　〕。〔7字　　　　　　　　　　　　　〕。

〔7字　　　　　　　　　　〕。〔6字　　　　　　　　　〕。

〔8字　　　　　　　　　　　〕。〔7字　　　　　　　　　　〕。

(1) 林健的生日是几月几号?　　　答：_____

(2) 林健今年多大了?　　　　　　答：_____

(3) 明天王丽丽去哪儿?　　　　　答：_____

第7課 発展練習問題

学籍番号		氏　名	

I 音声を聞いて(1)〜(5)の日本語を中国語で言い表す場合、最も適当なものを、a〜dの中から　　　ⒸCheckLink
1つ選びなさい。

🎧DL 127
💿CD2-40

(1) おいしい　　　　　　a.　　　　　b.　　　　　c.　　　　　d.

(2)（値段が）高い　　　a.　　　　　b.　　　　　c.　　　　　d.

(3) 比較的　　　　　　a.　　　　　b.　　　　　c.　　　　　d.

(4) これ　　　　　　　a.　　　　　b.　　　　　c.　　　　　d.

(5) どこ　　　　　　　a.　　　　　b.　　　　　c.　　　　　d.

II (1)〜(5)の日本語の意味になるように空欄を埋めるとき、最も適当なものを、a〜dの中から　　ⒸCheckLink
1つ選びなさい。

《生词》年 nián：年

(1) これはあれよりも美味しい。

これはあれよりも美味しい。

这个（　　）那个好吃。　　　a. 也　　　b. 不　　　c. 都　　　d. 比

(2) これはあれほど美味しくない。

这个（　　）那个好吃。　　　a. 不　　　b. 没有　　　c. 还是　　　d. 那么

(3) わたしは彼より2つ年上です。

我比他大两（　　）。　　　　a. 年　　　b. 天　　　c. 岁　　　d. 号

(4) あそこのコーヒーは美味しい。

（　　）的咖啡很好喝。　　　a. 那儿　　　b. 那个　　　c. 那　　　d. 那么

(5) 値段がわりと高い。

价钱（　　）贵。　　　　　　a. 经常　　　b. 一起　　　c. 比较　　　d. 很

87

III 次の日本語を中国語に訳しなさい。

(1) このリンゴが美味しいですか、それともそのリンゴが美味しいですか。

_____

(2) わたしたちは音楽を聴きますか、それともテレビを見ますか。

_____

(3) わたしの妹はわたしより 2 歳年下です。

_____

(4) ここのチャーハンはギョーザほど美味しくない。

_____

(5) 彼女らはよく一緒にテニスをします。

_____

DL 128
CD2-41

IV 中国語の会話文を解答欄に書き取り、次の質問にそれぞれ中国語で答えなさい。解答欄の数字は、中国語の文字数です。

《生词》那 nà (接続詞)：それでは、じゃあ

A：〔2字　　　　〕,〔4字　　　　　　〕,〔5字　　　　　　　　　〕?

B：〔7字　　　　　　　〕,〔6字　　　　　　　〕?

A：〔3字　　　　　〕。

B：〔5字　　　　　　　　〕?

A：〔11字　　　　　　　　　　　　　　　〕。

B：〔1字　　〕,〔5字　　　　　　　　〕,〔2字　　　　〕?

A：〔5字　　　　　　　〕。

DL 129
CD2-42

(1) 咖啡和红茶哪个好喝?　　　答：_____

(2) 咖啡比红茶便宜吗?　　　答：_____

(3) 他们喝什么?　　　答：_____

学籍番号		氏　名	

I 音声を聞いて (1) 〜 (5) の日本語を中国語で言い表す場合、最も適当なものを、a 〜 d の中から ⟳CheckLink
1 つ選びなさい。

🎧 DL 130

◎ CD2-43

(1) 本屋　　　　　　a.　　　　　b.　　　　　c.　　　　　d.

(2) 出掛ける　　　　a.　　　　　b.　　　　　c.　　　　　d.

(3) 帰る　　　　　　a.　　　　　b.　　　　　c.　　　　　d.

(4) いま　　　　　　a.　　　　　b.　　　　　c.　　　　　d.

(5) ねる　　　　　　a.　　　　　b.　　　　　c.　　　　　d.

II (1) 〜 (5) の日本語の意味になるように空欄を埋めるとき、最も適当なものを、a 〜 d の中から ⟳CheckLink
1 つ選びなさい。

(1) うちの家は 5 人家族です。

我家有五（　　）人。　　　　　　a. 家　　b. 口　　c. 个　　d. 只

(2) 彼の家は大阪にあります。

他家（　　）大阪。　　　　　　　a. 比　　b. 有　　c. 回　　d. 在

(3) 郵便局の近くに本屋が 1 軒あります。

邮局附近有一（　　）书店。　　　a. 家　　b. 件　　c. 本　　d. 条

(4) わたしは兄が 2 人います。

我有两（　　）哥哥。　　　　　　a. 条　　b. 口　　c. 个　　d. 只

(5) 彼は 6 時半に家に帰ります。

他六点半（　　）家。　　　　　　a. 来　　b. 在　　c. 回　　d. 去

III 次の日本語を中国語に訳しなさい。

(1) わたしはパソコンを1台持っています。

_____

(2) あなたの家は何人家族ですか。

_____

(3) あなたは明日何時に李先生の研究室に行きますか。

_____

(4) あなたはふだん朝何時に出かけますか。

_____

(5) わたしたちは毎日一緒に2時間半勉強します。

_____

DL 131
CD2-44

IV 中国語の文を解答欄に書き取り、次の質問にそれぞれ中国語で答えなさい。解答欄の数字は、中国語の文字数です。

〔4字　　　　　　　　　〕。〔5字　　　　　　　　　　〕。

〔6字　　　　　　　　　　　〕,〔8字　　　　　、　　　　　、　　　　　　〕。

〔5字　　　　　　　　　　〕。〔5字　　　　　　　　　　〕。

〔8字　　　　　　　　　　　〕,〔5字　　　　　　　　　〕。

〔9字　　　　　　　　　　　　　〕,

〔7字　　　　　　　　　　　　〕。

DL 132
CD2-45

(1) 林健的家在哪儿?　　　　答：_____

(2) 他家有几口人?　　　　　答：_____

(3) 他姐姐今年多大?　　　　答：_____

(4) 他们每天一起去哪儿?　　答：_____

(5) 他们晚上做什么?（做 zuò：する）答：_____

学籍番号		氏　名	

I 音声を聞いて (1)～(5) の日本語を中国語で言い表す場合、最も適当なものを、a～d の中から 1 つ選びなさい。　　🔄CheckLink　🎧DL 133　💿CD2-46

(1) 昼ごはん　　　　　a.　　　　b.　　　　c.　　　　d.

(2) 2 回（回数）　　　a.　　　　b.　　　　c.　　　　d.

(3) 1 時間　　　　　　a.　　　　b.　　　　c.　　　　d.

(4) 郵便局　　　　　　a.　　　　b.　　　　c.　　　　d.

(5) 便利である　　　　a.　　　　b.　　　　c.　　　　d.

II (1)～(5) の日本語の意味になるように空欄を埋めるとき、最も適当なものを、a～d の中から 1 つ選びなさい。　　🔄CheckLink

《生词》成绩 chéngjì：成績

(1) 学校はここから遠い。

　　学校（　　）这儿很远。　　　　a. 在　　b. 离　　c. 去　　d. 从

(2) わたしはアメリカに行ったことがある。

　　我去（　　）美国。　　　　　　a. 过　　b. 在　　c. 的　　d. 有

(3) ここから行くと 10 分しかかかりません。

　　从这儿去（　　）要十分钟。　　a. 还　　b. 不　　c. 一点儿　d. 只

(4) 弁当は 1 つ 12 元です。

　　一个盒饭十二（　　）。　　　　a. 个　　b. 本　　c. 块　　d. 只

(5) 成績もまあまあだ。

　　成绩也（　　）可以。　　　　　a. 还　　b. 很　　c. 都　　d. 不

《キリトリ》✂

III　次の日本語を中国語に訳しなさい。

《生词》厕所 cèsuǒ：トイレ

(1) トイレは教室の右側にあります。

_____

(2) うちの学校の向かいには本屋が2軒あります。

_____

(3) わたしはあそこのタンタン麺とギョーザを食べたことがあります。

_____

(4) そこから来るのに10分しかかからないので、便利です。

_____

(5) わたしは毎日30分アメリカのドラマをみます。

_____

DL 134
CD2-47

IV　中国語の文を解答欄に書き取り、次の質問にそれぞれ中国語で答えなさい。解答欄の数字は、中国語の文字数です。

A：〔10字　　　　　　　　　　　　　　　〕？

B：〔11字　　　　　　　　　　　　　　　　〕。

A：〔5字　　　　　　　〕？

B：〔3字　　　　　〕。

A：〔3字　　　　　〕？

B：〔2字　　　　〕。

A：〔6字　　　　　　　　　〕？

B：〔5字　　　　　　　〕。

DL 135
CD2-48

(1) 他们在哪儿买盒饭?　　　答：_____

(2) 盒饭多少钱?　　　答：_____

(3) 盒饭比饮料贵多少钱?　　　答：_____

(4) 他们在哪儿吃盒饭?　　　答：_____

第10課　発展練習問題

学籍番号		氏　名	

I 音声を聞き、(1)〜(4)の問いの答えとして最も適当なものを、a〜dの中から1つ選びなさい。 🔄CheckLink

【音声】

🎧DL 136, 137

💿CD2-49, 50

(1) 昨天小王怎么了?　　　a.　　　b.　　　c.　　　d.

(2) 小王去哪儿了?　　　a.　　　b.　　　c.　　　d.

(3) 大夫开了几种药?　　　a.　　　b.　　　c.　　　d.

(4) 小王睡了几个小时?　　　a.　　　b.　　　c.　　　d.

II (1)〜(5)の日本語の意味になるようにa〜dを並べ替えたときに、[　]内に入るものを選 🔄CheckLink
びなさい。

(1) 今日は天気が悪い。

_____　[_____]　_____　_____。

　　　　　　a. 好　　　b. 天气　　　c. 今天　　　d. 不

(2) 彼は弁当を3つ買いました。

他 _____　[_____]　_____　_____。

　　　　　　a. 盒饭　　　b. 三个　　　c. 了　　　d. 买

(3) わたしは今日ちょっと忙しい。

_____　_____　_____　[_____]。

　　　　　　a. 忙　　　b. 今天　　　c. 有点儿　　　d. 我

(4) わたしは薬を飲みたくない。

我 _____　_____　[_____]　_____。

　　　　　　a. 药　　　b. 想　　　c. 不　　　d. 吃

(5) 彼は7年英語を勉強しています。

他 _____　[_____]　_____　_____ 了。

　　　　　　a. 英语　　　b. 了　　　c. 七年　　　d. 学

III 次の日本語を中国語に訳しなさい。

(1) わたしは夜にあの食堂でタンタン麺を食べるつもりです。

_____

(2) わたしは晩ご飯を食べたくなくなった。

_____

(3) あなたの携帯電話はわたしのより少し小さい。

_____

(4) さっき薬を2錠飲んだので、いまは少し良くなりました。

_____

(5) わたしは王さんが今日すこし機嫌が悪いように思います。

_____

DL 138
CD2-51

IV まず、中国語の文を解答欄に書き取りなさい。次に、内容についての質問を書き取り、選択肢
①〜④の中から最も適切な答えを選び番号を○印で囲みなさい。解答欄の数字は、中国語の文
字数です。

〔6字   〕,〔6字   〕。

〔7字   〕。〔7字   〕。

〔5字   〕,〔7字   〕。

〔7字   〕。

〔11字   〕。

DL 139
CD2-52

(1) 7字_____
　　① 很好　　　② 很忙　　　③ 不舒服　　　④ 不便宜

(2) 10字_____
　　① 学校　　　② 医院　　　③ 书店　　　　④ 邮局

(3) 8字_____
　　① 九个小时　② 十个小时　③ 十一个小时　④ 十二个小时

(4) 7字_____
　　① 热一点儿　② 贵一点儿　③ 冷多了　　　④ 好多了

学籍番号		氏　名	

I　音声を聞き、⑴〜⑷の問いの答えとして最も適当なものを、a〜dの中から1つ選びなさい。　⟳CheckLink

《生词》国家 guójiā：国　　城市 chéngshì：都市　　多长时间 duōcháng shíjiān：どのくらい（の時間）

⬇ DL 140, 141
◉ CD2-53, 54

【音声】

⑴　去年寒假林健去哪个国家旅游了?　　　　　a.　　　b.　　　c.　　　d.

⑵　去年寒假的旅游，林健去了几个城市?　　　a.　　　b.　　　c.　　　d.

⑶　李老师的老家在哪儿?　　　　　　　　　　a.　　　b.　　　c.　　　d.

⑷　暑假的旅游，林健打算去多长时间?　　　　a.　　　b.　　　c.　　　d.

II　⑴〜⑸の日本語の意味になるようにa〜dを並べ替えたときに、[　　]内に入るものを選　⟳CheckLink
びなさい。

⑴　あなたは何をしていますか。

你 ＿＿＿＿　[＿＿＿＿]　＿＿＿＿　＿＿＿＿?

　　　　　　a. 呢　　　b. 什么　　　c. 干　　　d. 在

⑵　わたしはイギリスの地図を見ています。

我 [＿＿＿＿]　＿＿＿＿　＿＿＿＿　＿＿＿＿。

　　　　　　a. 地图　　　b. 在　　　c. 英国　　　d. 看

⑶　あの辞書を彼はすでに買って手に入れました。

那本词典他 ＿＿＿＿　＿＿＿＿　[＿＿＿＿]　＿＿＿＿。

　　　　　　a. 到　　　b. 了　　　c. 买　　　d. 已经

⑷　わたしは飛行機で大阪に行きます。

我 ＿＿＿＿　＿＿＿＿　＿＿＿＿　[＿＿＿＿]。

　　　　　　a. 大阪　　　b. 去　　　c. 飞机　　　d. 坐

⑸　教室のドアが開いています。

教室的 ＿＿＿＿　[＿＿＿＿]　＿＿＿＿　＿＿＿＿。

　　　　　　a. 呢　　　b. 着　　　c. 门　　　d. 开

Ⅲ　次の日本語を中国語に訳しなさい。

《生词》都 dōu：全部で・合わせて　　什么地方 shénme dìfang：どんなところ

(1) 彼女はとてもきれいな服を1着買いました。

_____

(2) あのパソコンをあなたはもう買いましたか。(「手に入れる」意味の結果補語を使用すること)

_____

(3) もうすぐ夏休みだから、わたしは中国へ留学に行くつもりだ。

_____

(4) あなたがわたしの家に遊びに来ますか、それともわたしがあなたの家に遊びに行きますか。

_____

(5) あなたは北京へ旅行に行って、全部でどんなところに行きましたか。

_____

DL 142
CD2-55

Ⅳ　まず、中国語の会話文を解答欄に書き取りなさい。次に、会話文の内容について述べる文を書き取り、内容に合っていれば○、間違っていれば×をつけなさい。解答欄の数字は、文字数です。

A：〔2字　　　　　〕,〔2字　　　　　〕!

B：〔4字　　　　　　　　　〕,〔2字　　　　〕!

A：〔2字　　　　　〕,〔9字　　　　　　　　　　　　　　〕。

B：〔7字　　　　　　　　　　〕?

A：〔8字　　　　　　　　　　　　〕。

B：〔6字　　　　　　　〕?

A：〔6字　　　　　　　〕。

　　〔11字　　　　　　　　　　　　　　　　　　〕。

B：〔6字　　　　　　　　〕,〔5字　　　　　　　　　〕?

A：〔6字　　　　　　　　〕。

DL 143
CD2-56

(1) 10字_____　　答（　　）

(2) 9字_____　　答（　　）

(3) 9字_____　　答（　　）

第 12 课　発展練習問題

学籍番号		氏　名	

I　音声を聞き、(1)～(4)の問いの答えとして最も適当なものを、a～dの中から1つ選びなさい。 ⟳ CheckLink

《生词》电话 diànhuà：電話

DL 144, 145

【音声】

CD2-57, 58

(1) 小王打工挣什么?　　　　　　　a.　　　b.　　　c.　　　d.

(2) 小王在哪儿打工?　　　　　　　a.　　　b.　　　c.　　　d.

(3) 小王星期几去打工?　　　　　　a.　　　b.　　　c.　　　d.

(4) 小王打工的书店卖的是什么书?　a.　　　b.　　　c.　　　d.

II　(1)～(5)の日本語の意味になるようにa～dを並べ替えたときに、[　]内に入るものを選 ⟳ CheckLink
びなさい。　《生词》纽约 Niǔyuē：ニューヨーク　　法律 fǎlǜ：法律　　酒 jiǔ：酒

(1) あなたは明後日の午後行けますか。

你 ＿＿＿＿　＿＿＿＿　[＿＿＿＿]　＿＿＿＿ 吗?

　　　　　a. 下午　　b. 去　　c. 后天　　d. 能

(2) 彼はニューヨークで法律を勉強したのです。

他是 ＿＿＿＿　＿＿＿＿　＿＿＿＿　[＿＿＿＿] 法律。

　　　　　a. 纽约　　b. 的　　c. 学　　d. 在

(3) わたしはお酒を飲んでもいいですか。

＿＿＿＿　[＿＿＿＿]　＿＿＿＿　＿＿＿＿ 吗?

　　　　　a. 可以　　b. 酒　　c. 我　　d. 喝

(4) わたしは林建と一緒にドライブに行きます。

我 [＿＿＿＿]　＿＿＿＿　＿＿＿＿　＿＿＿＿ 兜风。

　　　　　a. 林建　　b. 去　　c. 和　　d. 一起

(5) 王さんは今日9時にやっと起きました。

小王 ＿＿＿＿　＿＿＿＿　[＿＿＿＿]　＿＿＿＿。

　　　　　a. 才　　b. 九点　　c. 起床　　d. 今天

III　次の日本語を中国語に訳しなさい。

《生词》护照 hùzhào：パスポート

(1) わたしは先週ようやくパスポートを取得しました。

_____

(2) 毎週金曜に彼はアルバイトを終えると、すぐに映画を見に行きます。

_____

(3) わたしは明日ドライブに行くつもりですが、あなたは来れますか。

_____

(4) わたしは昨日とても疲れていて、夜9時にはもう寝ました。

_____

(5) わたしは将来中国で日本語の先生になりたいと思います。

_____

DL 146　CD2-59

IV　まず、中国語の文を解答欄に書き取りなさい。次に、内容についての質問を書き取り、選択肢①〜④の中から最も適切な答えを選び番号を○印で囲みなさい。解答欄の数字は、中国語の文字数です。

〔13字　　　　　　　　　　　　　　　　　　　　　　　　　〕。〔4字　　　　　　　　　　〕，

〔4字　　　　　　　　〕，〔6字　　　　　　　　　　〕。

〔8字　　　　　　　　　　　〕。〔10字　　　　　　　　　　　　　　　　〕。

〔14字　　　　　　　　　　　　　　　　　　　　　〕。

〔6字　　　　　　　　　〕。

DL 147　CD2-60

(1) 10字_____
　　① 星期一　　　② 星期三　　　③ 星期五　　　④ 星期天

(2) 8字_____
　　① 五个小时　　② 六个小时　　③ 七个小时　　④ 八个小时

(3) 13字_____
　　① 中文书　　　② 英文书　　　③ 新书　　　　④ 旧书

(4) 13字_____
　　① 她想看的电影　② 她想看的书　③ 她想听的音乐　④ 她想吃的面

(5) 11字_____
　　① 前天　　　　② 昨天　　　　③ 今天　　　　④ 明天

学籍番号		氏　　名	

Ⅰ　音声を聞き、(1)～(4)の問いの答えとして最も適当なものを、a～dの中から1つ選びなさい。 🄫CheckLink

🔽 DL 148, 149

💿 CD2-61, 62

【音声】

(1) 我是什么时候去小王家玩儿的?　　　　　a.　　　b.　　　c.　　　d.

(2) 小王给我看了我的什么?　　　　　　　　a.　　　b.　　　c.　　　d.

(3) 小王给了我一本英语词典和什么?　　　　a.　　　b.　　　c.　　　d.

(4) 小王最后说了什么?　　　　　　　　　　a.　　　b.　　　c.　　　d.

Ⅱ　(1)～(5)の日本語の意味になるようにa～dを並べ替えたときに、[　　]内に入るものを選 🄫CheckLink
びなさい。

《生词》篇 piān（量）：本（文章を数える）　　文章 wénzhāng：文章

(1) 今年は誰があなたたちに英語を教えていますか。

今年 ＿＿＿＿　＿＿＿＿　[＿＿＿＿]　＿＿＿＿?

　　　　　　　　　　　a. 你们　　　b. 教　　　c. 英语　　　d. 谁

(2) 王さんは美しい字を書きます。

小王写字 ＿＿＿＿　[＿＿＿＿]　＿＿＿＿　＿＿＿＿。

　　　　　　　　　　　a. 写　　　b. 漂亮　　　c. 得　　　d. 很

(3) わたしはしょっちゅう李先生に注意されます。

我 ＿＿＿＿　[＿＿＿＿]　＿＿＿＿　＿＿＿＿。

　　　　　　　　　　　a. 李老师　　　b. 批评　　　c. 被　　　d. 经常

(4) わたしはあなたにパンを1つあげます。

我 [＿＿＿＿]　＿＿＿＿　＿＿＿＿　＿＿＿＿。

　　　　　　　　　　　a. 面包　　　b. 你　　　c. 一个　　　d. 给

(5) 彼女は改めて文章を1本書き直しました。

她 ＿＿＿＿　＿＿＿＿　＿＿＿＿　[＿＿＿＿]。

　　　　　　　　　　　a. 写了　　　b. 文章　　　c. 重新　　　d. 一篇

Ⅲ 次の日本語を中国語に訳しなさい。

(1) あなたはいつ車の運転を習いはじめたのですか。

_____

(2) わたしは中国人の友だちに中国語で手紙を書きたい。

_____

(3) 彼女はわたしの中国人の友だちですが、彼女は日本語がとても上手です。

_____

(4) 王さんはわたしの家に来たときに、中国語の辞書を1冊わたしにくれました。

_____

(5) 李先生はとても厳しくて、学生はよく先生に叱られます。

_____

DL 150
CD2-63

Ⅳ まず、中国語の文を解答欄に書き取りなさい。次に、内容についての質問を書き取り、選択肢①〜④の中から最も適切な答えを選び番号を○印で囲みなさい。解答欄の数字は、中国語の文字数です。

《生词》内容 nèiróng：内容　　不错 búcuò：よい、悪くない

〔10字　　　　　　　　　　　　　　　　　　　　　　　〕，

〔13字　　　　　　　　　　　　　　　　　　　　　　　　〕。

〔7字　　　　　　　　　　　〕。〔8字　　　　　　　　　　　　　　　　　　〕。

〔7字　　　　　　　　　　　〕。

〔11字　　　　　　　　　　　　　　　　　　　　　〕。

DL 151
CD2-64

(1) 11字_____

　　① 每天　　　② 星期天　　　③ 今天　　　④ 昨天

(2) 9字_____

　　① 中国老师　　② 中国朋友　　③ 汉语老师　　④ 日本朋友

(3) 11字_____

　　① 很大　　　② 很小　　　③ 很漂亮　　　④ 很认真

(4) 12字_____

　　① 两天　　　② 三天　　　③ 四天　　　④ 五天

学籍番号		氏　名	

I　音声を聞き、(1)〜(4)の問いの答えとして最も適当なものを、a〜dの中から1つ選びなさい。 CheckLink

【音声】

DL 152, 15
CD2-65, 66

(1)　　　　　　　　　　　　　　　a.　　　　b.　　　　c.　　　　d.

(2)　　　　　　　　　　　　　　　a.　　　　b.　　　　c.　　　　d.

(3)　　　　　　　　　　　　　　　a.　　　　b.　　　　c.　　　　d.

(4)　　　　　　　　　　　　　　　a.　　　　b.　　　　c.　　　　d.

II　(1)〜(5)の日本語の意味になるようにa〜dを並べ替えたときに、[　　]内に入るものを選 CheckLink
びなさい。

《生词》休息 xiūxi：休憩する

(1) 椅子の上にかばんが1つ置いてあります。

　　_____　[_____]　_____　_____。

　　　　　　　　　　　a. 书包　　b. 椅子上　　　c. 一个　　d. 放着

(2) 李さんがトイレに駆け込んで行った。

　　小李 _____　_____　[_____]　_____ 了。

　　　　　　　　　　　a. 厕所　　b. 跑　　　　c. 去　　d. 进

(3) こっちに持ってきてもらってもいいですか。

　　你 _____　_____　_____　[_____]，好吗?

　　　　　　　　　　　a. 我　　b. 过来　　　c. 帮　　d. 拿

(4) これは宿題をするために使う資料です。

　　这是 _____　[_____]　_____　_____ 资料。

　　　　　　　　　　　a. 做　　b. 用　　　　c. 作业　　d. 的

(5) この部分を書き終えたらひと休みしたら。

　　你 [_____]　_____　_____　_____ 就休息一下吧。

　　　　　　　　　　　a. 完　　b. 这个部分　　c. 写　　d. 把

III 次の日本語を中国語に訳しなさい。

《生词》世界 shìjiè：世界　　课文 kèwén：（テキストの）本文　　卡拉OK kǎlā'ōukèi：カラオケ

(1) 教室の壁に世界地図が1枚かかっています。

_____

(2) 外は雨が降っています。

_____

(3) わたしは今晩中国語の授業の本文を読み終えなくてはいけません。

_____

(4) カラオケを歌うことは外国語をマスターする良い方法です。

_____

(5) わたしの英語をあなたは聴いて分かりますか。

_____

DL 154
CD2-67

IV まず、中国語の文を解答欄に書き取りなさい。次に、内容に関連した文を書き取り、それぞれ内容に合っていれば○、間違っていれば×をつけなさい。解答欄の数字は、中国語の文字数です。

〔3字　　　　　　〕，〔10字　　　　　　　　　　　　　　　〕。

〔8字　　　　　　　　　　〕。

〔18字　　　　　　　　　　　　　　　　　　　　〕。

〔13字　　　　　　　　　　　　　　〕，

〔6字　　　　　　　〕。

DL 155
CD2-68

(1) 15字＿＿＿＿＿＿＿＿＿＿＿＿＿＿＿＿＿＿＿＿＿＿　答（　　）

(2) 12字＿＿＿＿＿＿＿＿＿＿＿＿＿＿＿＿＿＿＿＿＿＿　答（　　）

(3) 14字＿＿＿＿＿＿＿＿＿＿＿＿＿＿＿＿＿＿＿＿＿＿　答（　　）

(4) 14字＿＿＿＿＿＿＿＿＿＿＿＿＿＿＿＿＿＿＿＿＿＿　答（　　）

第 **15** 课　発展練習問題

学籍番号		氏　名	

I 音声を聞き、(1)～(4)の問いの答えとして最も適当なものを、a～dの中から１つ選びなさい。 **CheckLink**

《生词》音乐剧 yīnyuèjù：ミュージカル

DL 156, 15

CD2-69, 70

【音声】

(1)　　　　　　　　　　　　　a.　　　b.　　　c.　　　d.

(2)　　　　　　　　　　　　　a.　　　b.　　　c.　　　d.

(3)　　　　　　　　　　　　　a.　　　b.　　　c.　　　d.

(4)　　　　　　　　　　　　　a.　　　b.　　　c.　　　d.

II (1)～(5)の日本語の意味になるようにa～dを並べ替えたときに、[　　]内に入るものを選 **CheckLink**
びなさい。　《生词》图书馆 túshūguǎn：図書館

(1) わたしの財布がまた盗まれました。

我的 ＿＿＿＿ ＿＿＿＿ [＿＿＿＿] ＿＿＿＿。

　　　　　　　a. 了　　　b. 钱包　　　c. 偷　　　d. 被

(2) わたしはもう１回行ってみたいです。

我 ＿＿＿＿ ＿＿＿＿ ＿＿＿＿ [＿＿＿＿]。

　　　　　　　a. 一次　　b. 再　　　c. 想　　　d. 去

(3) また宿題を出し忘れたんじゃないの。

你是不是 ＿＿＿＿ ＿＿＿＿ [＿＿＿＿] ＿＿＿＿ 了?

　　　　　　　a. 作业　　b. 交　　　c. 忘记　　d. 又

(4) これは非常に良いチャンスです。

这是 ＿＿＿＿ [＿＿＿＿] ＿＿＿＿ ＿＿＿＿。

　　　　　　　a. 机会　　b. 非常　　c. 好　　　d. 的

(5) 王先生がわたしに図書館へ行くように言いました。

王老师 [＿＿＿＿] ＿＿＿＿ ＿＿＿＿ ＿＿＿＿。

　　　　　　　a. 我　　　b. 图书馆　c. 去　　　d. 让

III 次の日本語を中国語に訳しなさい。

《生词》实现 shíxiàn：実現する　　理想 lǐxiǎng：理想、夢

(1) わたしは来週中国へ留学するが、いま少し不安に思っている。

_____

(2) わたしはさっき授業のときに、また先生に叱られた。

_____

(3) 彼女の話はわたしに中国に留学したいと思わせた。

_____

(4) 李さんは将来日本語の通訳になりたい。

_____

(5) 自分の理想を実現するために、あなたはしっかりと努力しないといけない。

_____

DL 158
CD2-71

IV まず、中国語の文を解答欄に書き取りなさい。次に、内容に関する質問とその答えの選択肢①〜④を書き取り、答として最も適当なものをそれぞれ選び番号を○印で囲みなさい。解答欄の数字は、中国語の文字数です。

〔13字　　　　　　　　　　　　　　　　　　　　　〕。

〔11字　　　　　　　　　　　　　　　　　　　〕。

〔8字　　　　　　　　　　　　　〕。〔6字　　　　　　　　〕，

〔16字　　　　　　　　　　　　　　　　　　　　　　　　〕。〔2字　　　　　〕，

〔9字　　　　　　　　　　　　　〕。

〔8字　　　　　　　　　　　〕。

DL 159
CD2-72

(1) 10字_____
　　① 　　　　　　　② 　　　　　　　③ 　　　　　　　④

(2) 14字_____
　　① 　　　　　　　② 　　　　　　　③ 　　　　　　　④

(3) 9字_____
　　① 　　　　　　　② 　　　　　　　③ 　　　　　　　④

第**16**課　発展練習問題

学籍番号		氏　名	

I　音声を聞き、(1)〜(4)の問いの答えとして最も適当なものを、a〜dの中から1つ選びなさい。　🅲CheckLink

【音声】

⬇ DL 160, 16

💿 CD2-73, 74

(1)　　　　　　　　　　　　　　a.　　　　b.　　　　c.　　　　d.

(2)　　　　　　　　　　　　　　a.　　　　b.　　　　c.　　　　d.

(3)　　　　　　　　　　　　　　a.　　　　b.　　　　c.　　　　d.

(4)　　　　　　　　　　　　　　a.　　　　b.　　　　c.　　　　d.

II　(1)〜(5)の日本語の意味になるようにa〜dを並べ替えたときに、[　　]内に入るものを選　🅲CheckLink
びなさい。

《生词》迪士尼 Díshìní：ディズニー

(1) わたしは明日留学の面接試験があります。

我 _____ [_____] _____ _____ 面试。

　　　　　　　　　　　a. 的　　　b. 留学　　　c. 有　　　d. 明天

(2) 日本と中国の文化には異なるところが沢山あります。

日本和中国的文化 _____ _____ _____ [_____]。

　　　　　　　　　　a. 很多　　b. 不一样　　c. 地方　　d. 有

(3) 彼女はすでに英語を学んで7年になります。

她 _____ [_____] _____ _____ 了。

　　　　　　　　　　　a. 英语　　b. 已经　　c. 七年　　d. 学了

(4) 見たいことは見たいが時間がない。

想看是想看，_____ [_____] _____ _____。

　　　　　　　　　　a. 我　　　b. 时间　　c. 不过　　d. 没有

(5) わたしはディズニーに遊びに行くつもりです。

你 _____ _____ _____ [_____]。

　　　　　　　　　a. 玩儿　　b. 去　　　c. 迪士尼　　d. 打算

105

III 次の日本語を中国語に訳しなさい。

《生词》通过 tōngguò：〜を通して　　互联网 hùliánwǎng：インターネット　　座位 zuòwèi：席

对〜感兴趣 duì ~ gǎn xìngqù：〜に興味がある

(1) 王さんはインターネットを通して外国の友達を作りたい。

_____

(2) 1年間勉強して、彼女の中国語はますます良くなった。

_____

(3) これは、良いことは良いけれど、やはり値段が少し高いと思います。

_____

(4) わたしはいま大学生で、まだ車を買うお金はありません。

_____

(5) 彼は中国に行ったことがないけれども、中国にとても興味を持っています。

_____

IV まず、中国語の文を解答欄に書き取りなさい。次に、内容に関する質問を書き取り、それぞれ
中国語で答えなさい。解答欄の数字は、中国語の文字数です。

[10字　　　　　　　　　　　　　　　　]。

[11字　　　　　　　　　　　　　　　　　]。

[11字　　　　　　　　　　　　　　　　]，

[12字　　　　　　　　　　　　　　　　　　]。

[10字　　　　　　　　　　　　　]。

[10字　　　　　　　　　　　　　　]。

[13字　　　　　　　　　　　　　　　　　　　]。

(1) 9字_____

　　答：_____

(2) 14字_____

　　答：_____

(3) 11字_____

　　答：_____

(4) 13字_____

　　答：_____

DL 162
CD2-75

DL 163
CD2-76

このテキストのメインページ
www.kinsei-do.co.jp/plusmedia/0723
次のページの QR コードを読み取ると
直接ページにジャンプできます

オンライン映像配信サービス「plus⁺Media」について

本テキストの映像は plus⁺Media ページ（www.kinsei-do.co.jp/plusmedia）から、ストリーミング再生でご利用いただけます。手順は以下に従ってください。

ログイン

ログインページ

● ご利用には、ログインが必要です。
サイトのログインページ（www.kinsei-do.co.jp/plusmedia/login）へ行き、plus⁺Media パスワード（次のページのシールをはがしたあとに印字されている数字とアルファベット）を入力します。

● パスワードは各テキストにつき1つです。
有効期限は、<u>はじめて</u>ログインした時点から<u>1年間</u>になります。

[利用方法]

次のページにある QR コード、もしくは plus⁺Media トップページ（www.kinsei-do.co.jp/plusmedia）から該当するテキストを選んで、そのテキストのメインページにジャンプしてください。

メニューページ　　　　再生画面

plus+Media トップ　　　　メインページ

「Video」「Audio」をタッチすると、それぞれのメニューページにジャンプしますので、そこから該当する項目を選べば、ストリーミングが開始されます。

[推奨環境]

iOS (iPhone, iPad)	OS: iOS 12 以降 ブラウザ：標準ブラウザ	Android	OS: Android 6 以降 ブラウザ：標準ブラウザ、Chrome
PC	OS: Windows 7/8/8.1/10, MacOS X　ブラウザ: Internet Explorer 10/11, Microsoft Edge, Firefox 48以降, Chrome 53以降, Safari		

※最新の推奨環境についてはウェブサイトをご確認ください。
※上記の推奨環境を満たしている場合でも、機種によってはご利用いただけない場合もあります。また、推奨環境は技術動向等により変更される場合があります。予めご了承ください。

本テキストをご使用の方は以下の動画を視聴することができます。

発音解説・練習動画

解説パート
李軼倫先生が発音のコツをわかりやすく解説

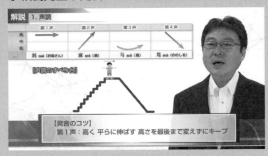

練習パート
チャンツを活用して、リズムに合わせて発音練習

文法解説動画

金子真生先生が文法について簡潔に解説

確認問題は CheckLink で解答状況を確認

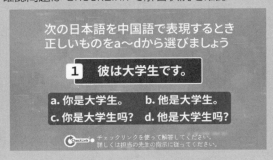

日中異文化理解動画

会話シーン

解説シーン

● 日本を舞台とした会話シーンでは、日本人学生の佐藤さん（男性）と留学生の王さん（女性）の
やり取りから、日中異文化を描いています。

● 解説シーンでは洪潔清先生による異文化理解の説明があります。

このシールをはがすと
plus+Media 利用のための
パスワードが
記載されています。

一度はがすと元に戻すことは
できませんのでご注意下さい。

◀ここからはがして下さい

723 中国語への道
【初級編】改訂新版

plus+Media

このシールをはがすと
CheckLink 利用のための
「**教科書固有番号**」が
記載されています。

一度はがすと元に戻すことは
できませんのでご注意下さい。

◀ここからはがして下さい

723 中国語への道
【初級編】改訂新版

CheckLink

中国語への道【初級編】
—近きより遠きへ— 改訂新版

2022 年 1 月 9 日　初 版 発 行
2024 年 2 月 20 日　第 5 刷発行

著　者　©内田　慶市
　　　　奥村佳代子
　　　　塩山　正純
　　　　張　　軼欧
発行者　福岡正人
発行所　株式会社　金星堂

〒101-0051　東京都千代田区神田神保町 3-21
Tel. 03-3263-3828　Fax. 03-3263-0716
E-mail : text@kinsei-do.co.jp
URL : http://www.kinsei-do.co.jp

編集担当　川井義大　　　　　　　　　　2-00-0723
組版／株式会社欧友社　印刷・製本／興亜産業

ISBN978-4-7647-0723-8　C1087

中国語音節表

声母＼韻母		a	o	e	-i[ʅ]	-i[ɿ]	er	ai	ei	ao	ou	an	en	ang	eng	-ong	i[i]	ia	iao
		介音なし																	
	ゼロ	a	o	e			er	ai	ei	ao	ou	an	en	ang	eng		yi	ya	yao
唇音	b	ba	bo					bai	bei	bao		ban	ben	bang	beng		bi		biao
	p	pa	po					pai	pei	pao	pou	pan	pen	pang	peng		pi		piao
	m	ma	mo	me				mai	mei	mao	mou	man	men	mang	meng		mi		miao
	f	fa	fo						fei		fou	fan	fen	fang	feng				
舌尖音	d	da		de				dai	dei	dao	dou	dan	den	dang	deng	dong	di		diao
	t	ta		te				tai		tao	tou	tan		tang	teng	tong	ti		tiao
	n	na		ne				nai	nei	nao	nou	nan	nen	nang	neng	nong	ni		niao
	l	la		le				lai	lei	lao	lou	lan		lang	leng	long	li	lia	liao
舌根音	g	ga		ge				gai	gei	gao	gou	gan	gen	gang	geng	gong			
	k	ka		ke				kai	kei	kao	kou	kan	ken	kang	keng	kong			
	h	ha		he				hai	hei	hao	hou	han	hen	hang	heng	hong			
舌面音	j																ji	jia	jiao
	q																qi	qia	qiao
	x																xi	xia	xiao
そり舌音	zh	zha		zhe	zhi			zhai	zhei	zhao	zhou	zhan	zhen	zhang	zheng	zhong			
	ch	cha		che	chi			chai		chao	chou	chan	chen	chang	cheng	chong			
	sh	sha		she	shi			shai	shei	shao	shou	shan	shen	shang	sheng				
	r			re	ri					rao	rou	ran	ren	rang	reng	rong			
舌歯音	z	za		ze		zi		zai	zei	zao	zou	zan	zen	zang	zeng	zong			
	c	ca		ce		ci		cai		cao	cou	can	cen	cang	ceng	cong			
	s	sa		se		si		sai		sao	sou	san	sen	sang	seng	song			

介音 i						介音 u									介音 ü			
iou	ian	in	iang	ing	iong	u	ua	uo	uai	uei	uan	uen	uang	ueng	ü	üe	üan	ün
you	yan	yin	yang	ying	yong	wu	wa	wo	wai	wei	wan	wen	wang	weng	yu	yue	yuan	yun
	bian	bin		bing		bu												
	pian	pin		ping		pu												
miu	mian	min		ming		mu												
						fu												
diu	dian			ding		du		duo		dui	duan	dun						
	tian			ting		tu		tuo		tui	tuan	tun						
niu	nian	nin	niang	ning		nu		nuo			nuan				nü	nüe		
liu	lian	lin	liang	ling		lu		luo			luan	lun			lü	lüe		
						gu	gua	guo	guai	gui	guan	gun	guang					
						ku	kua	kuo	kuai	kui	kuan	kun	kuang					
						hu	hua	huo	huai	hui	huan	hun	huang					
jiu	jian	jin	jiang	jing	jiong										ju	jue	juan	jun
qiu	qian	qin	qiang	qing	qiong										qu	que	quan	qun
xiu	xian	xin	xiang	xing	xiong										xu	xue	xuan	xun
						zhu	zhua	zhuo	zhuai	zhui	zhuan	zhun	zhuang					
						chu	chua	chuo	chuai	chui	chuan	chun	chuang					
						shu	shua	shuo	shuai	shui	shuan	shun	shuang					
						ru	rua	ruo		rui	ruan	run						
						zu		zuo		zui	zuan	zun						
						cu		cuo		cui	cuan	cun						
						su		suo		sui	suan	sun						

西安

四 川

云 南

西北

新疆维吾尔自治区

乌鲁木齐

青海省

西藏自治区

拉萨

西南

呼和浩特

华北

黑龙江省
哈尔滨

长春
吉林省

沈阳
辽宁省

东北

内蒙古自治区

呼和浩特
北京市
天津市

石家庄
河北省

济南

山东省

宁夏回族
自治区
银川

山西省
太原

江苏省 华东

西宁 兰州

甘肃省

西安
陕西省

郑州
河南省

安徽省 南京

上海市

北京

四川省 成都

湖北省 武汉

合肥

杭州

浙江省

重庆市

华中

南昌

长沙
湖南省

江西省

福州

台北 台湾

昆明

贵州省
贵阳

广西壮族
自治区

南宁

福建省

广东省

广州

香港

华南

南省

澳门

海口
海南省

上 海